山东省委党校（山东行政学院）科研支持项目成果

山东青年动员研究
（1946—1949）

高静静◎著

吉林大学出版社

·长春·

图书在版编目（CIP）数据

山东青年动员研究：1946—1949 / 高静静著 .
长春：吉林大学出版社，2024. 10. -- ISBN 978 - 7
- 5768 - 3951 - 7

Ⅰ. D432. 6

中国国家版本馆 CIP 数据核字第 2024YD7219 号

书　　名	山东青年动员研究（1946—1949）	
	SHANDONG QINGNIAN DONGYUAN YANJIU （1946—1949）	
作　　者	高静静	
策划编辑	李潇潇	
责任编辑	李潇潇	
责任校对	张　驰	
装帧设计	中联华文	
出版发行	吉林大学出版社	
社　　址	长春市人民大街 4059 号	
邮政编码	130021	
发行电话	0431-89580036/58	
网　　址	http：//www.jlup.com.cn	
电子邮箱	jldxcbs@sina.com	
印　　刷	三河市华东印刷有限公司	
开　　本	787mm×1092mm　1/16	
印　　张	12	
字　　数	115 千字	
版　　次	2025 年 6 月第 1 版	
印　　次	2025 年 6 月第 1 次	
书　　号	ISBN 978 - 7 - 5768 - 3951 - 7	
定　　价	68.00 元	

前　言

（一）

对青年①的动员贯穿中国共产党的整个革命历程，其亦是

---

① 关于"青年"：青年是处于青年期的个体组成的社会群体。青年期是指人的人生阶段，而青年则有两方面的含义：一是指生理属性，二是指社会属性。关于青年的年龄界限问题，一直以来没有固定统一的标准。由于各地区的文化、历史以及政治环境不同，对于青年的年龄范围界定各有不同。在不同学科之间，对青年界限的划分也是不相同的。根据联合国的统一标准，青年为 15~24 岁年龄段的人。1947 年，中共华东中央局《关于建立新民主主义青年团的指示》中规定："凡 16 岁至23 岁的男女青年，自愿接受党的政治领导，决心为民族民主事业奋斗的积极分子，均可吸收入团。"1982 年，又把团员的上限年龄调整到 28周岁。目前，中共中央、国务院 2017 年发布的《中长期青年发展规划（2016—2025 年）》中将青年年龄范围界定在 14~35 周岁之间。

党取得革命胜利的要素之一。进入解放战争时期①，中国共产党在历史经验的基础上愈加重视青年在国共政争中的作用，将青年作为社会动员的重要对象。

山东解放区是中国共产党粉碎国民党重点进攻的主战场之一，战略位置极为关键。中国共产党在战争中劣势地位的扭转和解放区政权的稳固，与其卓有成效的青年动员有着密切联系。相较于抗战时期统一战线下的普遍动员模式，解放战争时期山东解放区青年动员的方针则在广泛的基础上更具针对性。为适应接管新解放区和巩固老解放区的需要，中国共产党首先对新老解放区青年动员的任务加以区别，老解放区在把握青年特点的基础上通过各项群众运动动员青年，新解放区则更多地考虑青年意愿，以多种方式开展动员，不做过分政治化要求。中国共产党还相应地调整了青年动员的内容与方针，将知识青年动员放在首要位置，大力领导与声援学生运动，并且十分注

---

① 关于时间断限：1945 年 8 月，国共双方代表先后签订了《双十协定》和《停战协定》。而后，国民政府派出军队进入东北地区及其他原日军占领区，不承认前期已经进入该地的共产党军队及其政权的合法性，双方遂发生武装冲突。1946 年 6 月 26 日，国民党军大举进攻中原解放区。6 月 22 日，青岛的国民党第五十四军及暂编第十二师就向胶东解放区发起了大规模的军事进攻，内战枪声在山东打响。直至 1949 年 4 月，人民解放军占领南京，结束了国民党的统治。中国共产党在山东发起了青即围攻战，青岛市于 1949 年 6 月解放。8 月 20 日，长山列岛解放，标志着山东全境获得解放。因此，本书时间范围主要指 1946 年 6 月至 1949 年 9 月。

重对青年干部的教育和改造。在组织体系上，山东解放区基本承袭了抗战时期的工作机构，保留了较为完整的青年工作队伍，形成青年工作委员会、各级青联及新民主主义青年团相互配合的系统。

自内战爆发后，中国共产党青年动员的重点逐步转向解放区城市，尤以青年学生为主，着力转变学生思想，使青年学生成为政治宣传和联系工农群众的桥梁。在农村，中国共产党以符合青年农民文化水平和为青年喜闻乐见的多种形式，结合土改、支前、生产等中心任务，动员青年参与政权建设，亦使其成为参军和支前的主力。此外，尽管山东解放区的青年妇女动员仍统一于整体的妇女工作中，但在妇女解放的话语体系下，青年妇女在动员家庭和战勤保障中有着突出贡献，甚至成为乡村政权的半边天。

解放战争时期，中国共产党因战争进程和政治形势的变化，依据不同阶层、不同区域青年群体的思想特点和利益需求，更具针对性地调整动员策略和组织体系，使山东解放区的青年动员工作愈加细密与高效。

（二）

青年在革命队伍里是最具革命性的，始终站在革命的前列。列宁曾说："青年更乐于跟着革新者走。……总是首先投身到忘我的斗争中去。"① "真正建立共产主义社会的任务正是要由青年来担负。"② 这充分肯定了青年在革命事业中的关键力量。

在中国革命与建设的各个阶段，青年都发挥了重要作用，在历史舞台上逐渐壮大为不可忽视的政治力量。

近代以来，面对民族危亡和国土沦丧，不愿当亡国奴的青年走在救亡图存的前列。尤其自五四运动以后，青年往往在反帝爱国运动中发挥先锋作用，他们"奋空拳，扬白手，和黑暗势力相争斗"，他们是"再造中国的原素"③。陈独秀将挽救国家和改造社会的希望和责任寄托于青年，高呼"青年之于社会，犹新鲜活泼细胞之在人身。……吾国之社会，其隆盛耶？……惟属望于新鲜活泼之青年，有以自觉而奋斗耳！"④

鉴于青年群体的特点和历史经验，中国共产党自成立时即把青年作为领导革命的一个重要方面军，以马列主义青年观为指导，结合中国青年自身的特点，开展青年运动和青年工作，把进步青年组织起来作为后备军。中国共产党在筹备建党之时，陈独秀曾提出当下的四项工作之一就是重视青年，"不仅

---

① 《列宁全集》第 14 卷，人民出版社，1988 年，第 161 页。
② 《列宁选集》第 4 卷，人民出版社，1995 年，第 281 页。
③ 罗家伦：《回忆新潮和五四运动》，载中国社会科学院近代史研究所编《五四运动回忆录（续）》，中国社会科学出版社，1979 年，第 179 页。
④ 《陈独秀文集》第 1 卷，人民出版社，2013 年，第 89 页。

需要其中少数急进人物参加，而且需要用各种形式来组织广泛的青年，使他们参加多方面的工作。"①

大革命时期，青年冲在革命最前线，若否认青年的骨干作用，就"很难理解大革命的惊人的迅速发展"②。到抗战时期，青年动员蓬勃开展，在艰苦卓绝的战争中，中国共产党注重吸收青年加入全民族抗日统一战线，为民族的解放而奋斗。1939年，在延安举行的纪念五四运动20周年大会上，毛泽东在演讲中谈到青年："'五四'以来，中国青年们起了什么作用呢？起了某种先锋队的作用，……什么叫作先锋队的作用？就是带头作用，就是站在革命队伍的前头。"③

进入解放战争时期，复杂的政治局面、内战形势和青年思想的变化对中国共产党的青年工作提出了新的要求。一方面，多年抗战使中国青年经历了苦难深重的岁月，他们迎来了战争的胜利，迫切希望过上安居生活，而紧接着国共之间爆发内战，青年在感到失落迷惘的同时，也动摇着内心的政治取向。另一方面，国民党大批主力部队进攻解放区，无论是前线军需还是后方政权的稳固，都需要青年发挥积极作用。由于青年在政治上具有敏感性，在群众中能够起到较大的带动作用，他们

---

① 张国焘：《我们的回忆》第1册，东方出版社，1998年，第96页。
② 李维汉：《回忆与研究》上，中共党史资料出版社，1986年，第122页。
③ 《毛泽东选集》第2卷，人民出版社，1991年，第565页。

的政治立场和行为取向对其他阶层和群体有着直接影响。国民党政府的倒行逆施教育了青年，而共产党在战场的节节胜利以及改善群众生活、捍卫人民利益的各项建设赢得了民心。在这样的情况下，中国共产党"因势利导"，在满足青年利益和要求的基础上进行动员和引导，让广大青年能够在战争与革命中挺身而出。解放战争时期，中国共产党的动员工作使千千万万的青年为了国家独立、民主权利和生存需要，加入党的革命队伍，并到前线作战，加速了国民党的失败和解放战争的胜利进程，其作用是不容小觑的。

（三）

山东解放区①由山东抗日根据地发展而来，与其他解放区相比有其特殊性。抗战前，中国共产党在山东没有红色武装和

---

① 山东解放区包括津浦路以东的山东大部分地区和江苏、安徽、河南三省边界的部分地区。至1945年8月，山东解放区有2000万人口，20余万军队和50万民兵，设有鲁中、鲁南、胶东、渤海、滨海5个行署、17个专署，分辖119个县市、850多个区（公所），并设有济南、青岛、烟台3个直辖市。中共中央于1945年12月决定撤销中共中央山东分局，将原隶属于山东分局的胶东、渤海、鲁中、鲁南、滨海5个战略区直属华东局领导。胶东区委下辖东海、北海、西海、南海4个地委和烟台、威海2个市；渤海区委下辖沧南、泺北、清河、垦利4个地委；鲁中区委下辖泰山、沂蒙、沂山3个地委和淄博特委；鲁南区委下辖第一、第二、第三3个地委；滨海区委下辖滨北、滨南、滨中3个地委。1948年7月1日，鲁中和鲁南两个区党委合并，成立鲁中南区委，9月济南解放，设济南特别市。1949年6月、8月分别解放青岛、长山列岛，实现了山东全境解放。时山东省共辖胶东、渤海、鲁中南三大行政公署区，一个直辖专区（昌潍）、济南、青岛两个市、一个特别市（潍坊）。

红色政权。抗战爆发后，全国大多解放区是通过正规军进驻该地武装群众、消灭敌人、建立政权的。山东在反"扫荡"和反"摩擦"的艰苦境地下没有正规军进驻，而是地下党组织通过放手发动群众进行抗日武装起义，才使得山东抗日根据地能够从无到有、从小到大迅速地发展起来，最终成为全国唯一的也是最大的以省为行政区域主体的解放区。抗日战争结束时，山东解放区已有极大发展，拥有 12.5 万平方公里的面积，占山东总面积的 92%，占全国解放区总面积的 13%；拥有 2400 万人口，占山东总人口的 90%，占全国解放区总人口的 23%。①山东解放区的成长壮大离不开最广泛的群众动员。

山东解放区对抗日战争和解放战争的胜利作出了重要贡献。山东解放区地处联结华北和华中的南北要冲，在解放战争时期是国民党进攻与争取的重点，也是华东战场人力、物力、兵力的基地，战略位置极为关键。据统计，在整个解放战争时期，全国发生了 142 个重要战役，共歼敌 807.135 万人，而发生在山东地区的就有 23 个，占战役总数近 15%。这 23 个战役共歼敌 71.79 万人，占歼敌总数的 9%。②

在战争环境中，中国共产党广泛动员群众进行支援。在山

---

① 王东溟：《山东人民支援解放战争史》，山东人民出版社，1991 年，第 4-5 页。

② 王东溟：《山东人民支援解放战争史》，山东人民出版社，1991 年，第 78 页。

东长期担任主要领导职务的罗荣桓回忆："山东人民在极端困难的情况下，坚定地跟着党走……对山东人民的功绩应有足够的评价。"① 而在这其中，青年始终是参军、支前、政权建设等方面的中坚力量。在中国共产党的动员下，山东解放区百万青年男子参军参战，补充前线兵源，并有大批青年民工随军，在支前方面承担了弹药、粮食等物资和伤员的运送以及修路架桥等战勤工作，青年妇女缝制军需的棉衣棉被和鞋袜，并越来越多地参与基层政权建设。因此，山东解放区的青年动员是有显著成效的。

山东解放区的青年动员还有着独特的优势和特点。据长期从事山东青年工作的林萍回忆："在各个解放区当中，各个根据地当中，山东确实有自己的特点。比如说，各级青年组织、青年干部一直保存下来。据我了解，在各个战略区，山东是独一无二的。"② 山东解放区一直十分重视青年工作，在山东青年工作委员会初成立时，7个委员中曾有4个是党政军的主要领导人，并选拔了大量青年党员到各地担任党政军重要职务，

---

① 罗荣桓：《关于山东的抗日战争与济南军区战史编辑室同志的两次谈话》，载《罗荣桓军事文选》，解放军出版社，1997年，第580页。
② 共青团山东省委研究室：《山东青运史资料·第4辑》，1984年，第21页。

这在全国各个解放区中是少有的。① 在抗日战争和解放战争的整个过程中间，山东解放区从省到地委、县委、区委，层层都有青年工作的领导机构，青年工作的专职干部"保留了三千一百多个"②。所以从一定意义上讲，"山东的中共党史、山东的武装斗争史、山东解放区的建设史就是山东的青年运动史。"③

另外，本书中多处注释为未刊发档案，此类档案引用已得到山东省档案馆的授权，特此说明。

---

① 《鉴往知今，面向未来——团省委副书记班开庆同志在座谈会上的发言》，载共青团山东省委研究室：《山东青运史资料·第4辑》，1984年，第12页。
② 杜前：《老青年的心声》，载共青团山东省委研究室：《山东青运史资料·第4辑》，1984年，第18页。
③ 共青团山东省委研究室：《山东青运史资料·第4辑》，1984年，第19页。

目 录
CONTENTS

绪 论

近年来，中国共产党的革命动员与群众动员日益成为史学界关注的热点之一。关于中国共产党革命动员和群众动员研究，其跨度包含自党成立以来的各个历史阶段，无论是研究内容还是研究视角都有很大程度的拓展。

国内学界关于中国共产党革命动员的研究成果十分丰富，其中不乏经典的、代表性的著作，均为本书的写作提供了颇具意义的启发，研究主要聚焦于以下几个方面。

1. 乡村动员。钟日兴所著的《乡村社会中的革命动员——以中央苏区为例》聚焦于中央苏区的乡村地区中国共产党如何动员民众参加革命这一问题，围绕中国共产党的革命动员活动及其与乡村社会的关系展开论述，通过分析苏区政权建设、土地斗争、军事斗争、妇女解放等一系列重大事件中的革命动员方法和措施，探讨革命工作是如何深入乡村的，以及其对乡村社会产生的影响，以此深化对革命进程中苏区政权与乡村关系的认识。① 钟的相关著作还有《红旗下的乡村——中央苏区政权建设与乡村社会动员》。张宏卿的《农民性格与中共的乡村动员模式——以中央苏区为中心的考察》一书，从"农民性"和革命文化互动的视角去理解江西苏维埃运动，探究革命的政治文化与农民的深层政治意识的磨合。② 罗衍军的著作《革命与秩序：以山东省郓城县乡村社会为中心 1939—1956》以山东省郓城县为中心，以革命政权与乡村民众的互动为考察视角，采用档案资料与口述访谈资料相结合的方式，分析了中国共产党在乡村社会的革命运动中对乡村社会秩序的整合与重塑，考察了抗日动员、土地革命、集体化等革命性运作对基层社会的影响。③

2. 文化动员。邹荣的《鄂豫皖苏区文化动员与意识形态建构 1920—1937》一书，通过对中国共产党在鄂豫皖苏区的文化动员和意识形态建构进行分析，探究了其来源和形式以及马克思主义与中国传统文化初步融合的进程和内在发展逻辑。

3. 参军动员。齐小林的《当兵——华北根据地农民如何

① 钟日兴：《乡村社会中的革命动员——以中央苏区为例》，中国社会科学出版社，2015 年。

② 张宏卿：《农民性格与中共的乡村动员模式——以中央苏区为中心的考察》，中国社会科学出版社，2012 年。

③ 罗衍军：《革命与秩序：以山东省郓城县乡村社会为中心 1939—1956》，中国社会科学出版社，2013 年。

2

走向战场》一书，揭示了 1937—1949 年华北根据地农民参军的动机和顾虑，以及其对中国共产党参军动员的响应、规避、抗拒等行为。作者通过分析农民与革命战争之间的复杂关系，指出中国共产党对乡村社会的整合是革命意识形态、权力体系与乡村社会传统规则之间的相互冲击与改造，两者形成了乡村社会整合模式的内在张力。①

4. 政治动员。邓美英的《中央苏区政治动员研究 1927—1937》一书，通过对农民阶级、工商阶层和劳动妇女三个群体的历史考察，翔实呈现了中央苏区政治动员的分群及分层策略。通过对中央苏区政治动员中的课（教）本创编应用考察，阐述革命课本具有的政治动员和教育启蒙的双重价值。中央苏区政治动员的效能，既呈现了模范群体的榜样与力量，也体现了落后群众的偏差与失效，在积极效果中达到了历史应有的高度。②

5. 妇女动员。吴云峰的著作《华中抗日根据地、苏皖边区的妇女动员与妇女解放》，通过讨论妇救会在妇女动员与妇女解放中的地位、土改中的妇女动员、根据地对抗属的优待政策、根据地对婚姻习俗的改造、根据地妇女纺织运动的发展来

① 齐小林：《当兵——华北根据地农民如何走向战场》，四川人民出版社，2015 年。
② 邓英美：《中央苏区政治动员研究 1927—1937》，中国社会科学出版社，2021 年。

考察华中抗日根据地、苏皖边区妇女生活的变化，分析革命、传统、性别三者的内在联系。①

6. 关于动员理论的研究新视角。杨会清在其著作《中国苏维埃运动中的革命动员模式研究》中采用了比较的方法，从中国苏维埃运动独特的革命路径着手，对中国共产党动员模式的形成、发展以及重构的过程给予了深刻分析。② 张孝芳在《革命与动员：建构"共意"的视角》一书中引入了建构"共意"的概念，从社会文化结构和社会心理方面分析延安时期中国共产党的动员机制，从新理论、新视角解读延安时期中国共产党的政治动员，为我们提供了新的研究"样本"。③

7. 民众动员。江光亮的著作《抗美援朝运动中江西省的民众动员研究》在翔实的原始档案及文献资料的基础上，考察了江西抗美援朝民众动员的过程，从运动的酝酿到普及深入，对抗美援朝运动与爱国公约、捐献武器和优抚工作等运动相结合进行研究，对中国共产党和新政权对各阶层的政治要求和动员策略进行了分析和研究，探讨了江西省在抗美援朝运动中的

---

① 吴云峰：《华中抗日根据地、苏皖边区的妇女动员与妇女解放》，黄山书社，2020 年。
② 杨会清：《中国苏维埃运动中的革命动员模式研究》，江西人民出版社，2008 年。
③ 张孝芳：《革命与动员：建构"共意"的视角》，社会科学文献出版社，2011 年。

民众动员与土地改革和镇压反革命运动紧密结合发挥的叠加效应。①

史学界关于"动员"研究的相关论文更是精彩纷呈，范围广阔、立意深刻、视角新颖。王奇生在中国社会科学院近代史研究所举办"中国近代乡村的危机与重建：革命、改良及其他"的会议论文《革命的底层动员：中共早期农民运动的动员参与机制》中，就陈独秀早期农民运动的动员参与机制进行了概略性的描述和分析，着重以粤湘两省为中心，揭示了过去被无意忽略或被有意遮蔽的某些面相。② 周良书、袁超乘发表于《历史研究》的《"寸铁"与中共对国民革命的宣传动员》，以宣传动员为研究视角，分析了国民革命时期《寸铁》专栏，以及中国共产党为推动国民革命开展的理论阐释和宣传动员工作，扩大了革命的话语影响，成为中国共产党开展国民革命动员的关键一环。③ 李金铮发表在《近代史研究》上的《农民何以支持与参加中共革命》，从自下而上的视角对农民个体或群体感受给予关怀，分析农民支持与参加革命的动机，论述了土

---

① 江光亮：《抗美援朝运动中江西省的民众动员研究》，江西人民出版社，2018 年。
② 王奇生：《革命的底层动员：中共早期农民运动的动员参与机制》，第二期中国近代史论坛"中国近代乡村的危机与重建：革命、改良及其他"，中国天津，2012 年 7 月 6 日。
③ 周良书、袁超乘：《"寸铁"与中共对国民革命的宣传动员》，《历史研究》，2021 年第 3 期。

地分配、家庭状况、社会经济改革以及民族主义在动员农民参加革命中的作用，从而解释中国共产党革命胜利原因。① 黄正林在《中共党史研究》发表的《社会教育与抗日根据地的政治动员——以陕甘宁边区为中心》指出，抗日根据地的社会教育既是群众性的扫盲运动又是中国共产党在根据地进行的一场全面的政治动员。民众在接受社会教育的过程中，逐步接受了共产党政权为他们设计的政治行为模式、生产组织模式、社会组织和生活模式等，民众从而逐渐脱离了旧权威的势力范围，共产党逐步实现了对根据地乡村社会资源的全面控制。② 李军全在《中共党史研究》的《节庆与政治传播：中共华北根据地的春节宣传 1937—1949》一文中认为，成功的革命往往利用了传统。因此，文章以春节为研究对象，将春节作为农民传统习惯与革命动员之间的交叉点，在这一过程中，中国共产党将自身政治理念灌输至农民群体，进而动员其自觉地支持或参与党的革命事业。既揭示了中国共产党进行的一系列政治技术运作以实现革命动员的过程，又考察了乡村民俗文化载体在外力侵入时所发生的变化，从而得出共产党何以取得革命胜利的结

---

① 李金铮：《农民何以支持与参加中共革命》，《近代史研究》，2012 年第 4 期。
② 黄正林：《社会教育与抗日根据地的政治动员——以陕甘宁边区为中心》，《中共党史研究》，2006 年第 2 期。

论。① 李里峰的《中国革命中的乡村动员：一项政治史的考察》一文对本书的启发和影响作用很大，其指出无论抗战还是内战，中国共产党的乡村动员都以获取农民的参与性支持、认同性支持和物质性支持为基本目标，为实现该目标，又总是以利益之满足、身份之建构、情感之唤起作为基本的动员手段。文章对抗战和内战时期的乡村动员作进行了探讨，通过动员目标和动员技术发掘乡村动员策略的演变脉络和延续性，认为强大而高效的乡村动员使得中国共产党在战争中取得了重大成就。② 此外，有学者还关注到党的主要领导人的革命动员思想，如杨会清发表于《党的文献》（2007 年第 4 期）的《论毛泽东早期的革命动员思想（1923—1927）》等文。

目前，对解放战争时期中国共产党革命动员与群众动员的相关研究较少，但也不乏新的视角和观点。陈文胜的《话语中的土改：解放战争时期〈人民日报〉中的土改宣传与社会动员》聚焦解放战争时期进行的土改运动，《人民日报》在其中提供了话语导向的宣传，通过植入新型阶级观念、构建"苦难"记忆、聚焦热点议题等动员方式发动民众，使政治动员与宣传有机地结合在一起，在土改中起到凝聚人心、重建乡村秩

---

① 李军全：《节庆与政治传播：中共华北根据地的春节宣传 1937—1949》，《中共党史研究》，2017 年第 4 期。

② 李里峰：《中国革命中的乡村动员：一项政治史的考察》，《江苏社会科学》，2015 年第 3 期。

序、树立了党的执政权威等作用，为新政权在农村稳固奠定基础，为中国共产党革命胜利创造条件。魏喆的《解放战争时期中国共产党的人力动员研究》认为，中国共产党的胜利除归功于其在性质与宗旨等方面合乎民意、顺乎民心之外，一个最直接的因素就是其进行了卓有成效的战争动员，文章以丰富的史料支撑研究了解放战争时期中国共产党战争动员的形势、策略准备、具体措施，以及为平衡战争动员的负担推行的相关政策。针对解放战争时期的动员研究，晋察冀边区成为目光聚集地，宣传工作被认为是中国共产党动员的重要武器，集中体现在几篇硕论中。①

立足中国共产党在山东解放区的"动员"，学界相关研究主要集中在几个方面。

1. 山东解放区的农民动员。如张红云的文章《"理性"的对抗与博弈：山东解放区支前民夫组织中的中国共产党与农民》《解放战争时期山东解放区的士兵归队运动》均关注了中国共产党与山东解放区农民之间的对抗与博弈过程，通过刻画农民运动中上级、村干部、普通群众之间的互动，展现了中国

---

① 陈文胜：《话语中的土改：解放战争时期〈人民日报〉中的土改宣传与社会动员》，《党史研究与教学》，2018 年第 2 期；魏喆：《解放战争时期中共的人力动员研究》，《党史研究与教学》，2016 年第 6 期；董军芳：《解放战争时期中国共产党在晋察冀边区的民众动员》，河北师范大学硕士论文，2007 年；朱志伟：《解放战争时期晋察冀边区宣传民众工作述论》，河北师范大学硕士论文，2007 年。

共产党在应对农民的差异化心态与动员的高度灵活性与策略性。① 2. 山东解放区的妇女动员。如梁家贵的《战争时期中国共产党领导的山东妇女工作》对战争时期中国共产党在山东所开展的妇女工作进行了整体研究。② 3. 参军动员。张学强与王友明分别以淮海战役期间沂蒙解放区和山东省莒南县为研究个案，对参军支前动员问题进行探讨，张学强的研究立论更深刻，通过对解放区各级领导干部参军动员工作的过程和成效分析，说明了解放区参军动员工作的复杂性。③

硕博论文对山东解放区群众动员的研究尤其多，不同的是，硕博论文不再集中研究动员客体，而是更多地关注群众动员的方式。其中，李明帅以解放战争时期的山东解放区为中心，以文艺动员视野探讨中国共产党革命政权与基层民众的双向互动关系。④ 宋传伟对解放战争时期山东根据地村政权改造的过程及方法进行了叙述，注重群众对村政权改造的反映和中

---

① 张红云：《"理性"的对抗与博弈：山东解放区支前民夫组织中的中共与农民》，《党史研究与教学》2015 年第 6 期；张红云：《解放战争时期山东解放区的士兵归队运动》，《中共党史研究，》2017 年第 4 期。

② 梁家贵：《战争时期中共领导的山东妇女工作》，《理论学刊》，2005 年第 4 期。

③ 张学强：《淮海战役间沂蒙解放区的参军动员》，《中共党史研究》2009 年第 7 期；王友明：《论老解放区的参军动员——以山东解放区莒南县为个案的分析》《军事历史研究》，2005 年第 4 期。

④ 李明帅：《解放战争时期山东解放区的文艺动员》，曲阜师范大学硕士论文，2015 年。

国共产党群众动员的情况。① 张阳结合社会背景对山东解放区的冬学运动进行了分析研究，以冬学运动为切入点考察中国共产党在农村的教育动员。②

聚焦本书所关注的青年动员。2020 年以前学界对于中国共产党青年动员的研究较少，主要集中在以下几个方面。

首先，宣传性动员被重视。其中，孟亚云以中国共产党的形象塑造和宣传为视角考察了抗战时期中国共产党针对知识青年的宣传动员工作，分析中国共产党在特殊时期塑造了怎样的形象，采取了哪些方式引起知识青年的响应。③ 除此之外，宣传动员研究以面向青年的报纸或期刊为切入点，分析共产党如何策略性地运用其喉舌动员青年。蒋含平、薛相峰的以《中国青年》中与青年相关的新闻报道为研究文本，探究 1927 年前后该刊是如何通过报道构建叙述框架并对青年开展政治动员的。④ 吴蕊蕊以中国共产党在国统区唯一公开出版的杂志《群众》周刊为例，讨论全面抗战初期党的青年宣传动员工作。⑤

① 宋传伟：《山东根据地的村政改造》，山东大学硕士论文，2008 年。
② 张阳：《山东解放区"冬学"运动研究》，山东师范大学硕士论文，2014 年。
③ 孟亚云：《1937-1945 年中国共产党针对知识青年的宣传动员研究》，四川农业大学硕士论文，2016 年。
④ 蒋含平、薛相峰：《革命运动与青年动员——1927 年前后〈中国青年〉新闻报道研究》，《党史研究与教学》，2018 年第 1 期。
⑤ 吴蕊蕊：《全面抗战初期〈群众〉周刊的青年宣传动员》，《历史教学（下半月刊）》，2016 年第 1 期。

王博将目光聚焦于《新华日报》的副刊——《青年生活》，论述了《青年生活》如何根据战局发展的实际及中共中央指示调整工作方法，从而达到动员青年积极抗日的目的，但该文的写作方法侧重传播学和新闻学领域。①

　　其次，部分学者对中国共产党领导下的青年运动以及各类青年团体、组织给予了一定关注。关于抗日根据地青年运动的研究，罗华在文章中通过总结根据地青年运动的活动内容、特点和经验，从正反两方面对根据地青年运动做出评价。② 张瑜将目光聚焦陕甘宁边区，展现边区青年运动的历史轨迹与发展动态及其历史贡献。③ 魏久明回顾了中国共产党领导青年运动的历程，将中国青年运动的发展划分为三个阶段，在总结历史经验的基础上指出了其对当代的启示。④ 青年团体和组织是中国共产党青年动员的战斗堡垒，对青年团体的研究是中国共产党青年动员研究的一个组成部分。曹军在其文章中主要以人物回忆史料为支撑，分析了青救会在西北青年运动工作中的历史

---

① 王博：《〈青年生活〉抗战动员研究》，兰州大学硕士论文，2016 年。
② 罗华：《抗日根据地青年运动研究——以陕甘宁、华北抗日根据地为例》，广西师范大学硕士论文，2010 年。
③ 张瑜：《抗战时期陕甘宁边区青年运动研究》，延安大学硕士论文，2016 年。
④ 魏久明：《中国共产党和中国青年运动》，《青年研究》，2001 年第 7 期。

经验。① 黄世斯探讨了边区青年团体在中国共产党领导下的主要活动，其文章对陕甘宁边区青年团体的认知较为全面。② 任园、赵文以共青团青年动员的口号为研究对象，透过口号的细微变化解析共青团自中国共产党成立以来开展青年动员要素的变化、模式的转型及发展。③

再次，针对特定历史时期或某一地域中国共产党青年动员的研究相对较多，也对本书架构具有借鉴意义。抗战时期，大批青年涌入延安，杨倩认为中国共产党在延安的青年动员取得了重大成效，她在文章中结合延安青年的特点分析了中国共产党青年动员的主要途径，并指出延安青年动员对当今青年工作的启示。④ 莫志斌、崔应忠同样以延安为主要研究区域，认为大批青年奔赴延安是中国共产党青年动员的成功运作的表现，因此文章围绕党对青年的广泛动员展开，在论述中运用了较多的统计数据，分析了青年的社会构成和党的动员方式。⑤ 牛翠

---

① 曹军：《西北青年救国会的历史地位——兼谈西北青年的抗日救国运动》，《理论学刊》，1987 年第 4 期。
② 黄世斯：《抗战时期陕甘宁边区的青年团体研究》，湘潭大学硕士论文，2012 年。
③ 任园、赵文：《口号变革：共青团青年动员的考察》，《山东青年政治学院学报》，2016 年第 2 期。
④ 杨倩：《抗日战争时期中国共产党对延安青年的政治动员研究》，海南大学硕士论文，2016 年。
⑤ 莫志斌、崔应忠：《中国共产党青年动员的成功运作——以抗战时期青年奔赴延安为例》，《党史文汇》，2015 年第 3 期。

萍和刘鑫将抗战时期中国共产党在根据地、国统区、沦陷区开展的青年动员进行探究，阐述了中国共产党在不同政治区域内采取有针对性的青年动员方式，构架比较清晰，但内容略单薄。① 陈学涛对中国共产党青年动员的历史背景、指导思想与动员青年的方式与内容等方面进行了相关研究。② 扈帅帅和周保垒将关注点集中于中国共产党动员与引导青年的方式上，周堡垒将中国共产党动员青年的方式划分为组织化动员、利益诱导性动员等，并以此展开了更为细致的论证。扈帅帅在文章中分析了中央苏区的情况，针对性地解析了中央苏区青年政治动员的方式。③

近几年来，学界关于青年动员的研究蓬勃开展，多集中于是期刊论文和硕士论文，尤其是硕士论文，对中国共产党青年动员的关注越来越多，也更加丰富和多面向。总体来看，面向青年的宣传动员占据大部，基本都是以报刊为媒介或手段的宣传动员研究，主要有：陈莉莉、王湾通过全面抗战初期《新中华报》副刊《青年呼声》面向青年的宣传，展现了中国共产党

① 牛翠萍、刘鑫：《抗战时期中国共产党青年动员工作的开展》，《河北工程大学学报（社会科学版）》，2017 年第 2 期。
② 陈学涛：《抗战时期中国共产党青年动员研究》，东北石油大学硕士论文，2016 年。
③ 扈帅帅：《中央苏区青年政治动员方式的历史回顾》，《青少年研究与实践》，2018 年第 3 期。

动员青年推进抗战救国的情况。① 刘宣辰、冯夏根的《1948—1949 年中国共产党对青年的动员探析——以〈中国青年〉为中心》，从中国共产主义青年团中央的机关刊物《中国青年》入手，研究了党的青年动员。② 陈佳丽、陈玉玲、罗正欢的《解放战争时期的〈青年实话〉关于青年动员工作的研究》，以第二次国内革命战争时期中国共产主义青年团苏区中央局机关报《青年实话》为研究对象，研究如何建构苏区青年动员的工作机制，展开投身革命实践、参与苏区建设、提升文化素质的动员。③ 延安大学刘盼的硕士论文《1937—1941 年国共两党对青年动员的宣传研究——以〈中央日报〉〈新中华报〉为考察中心》、西南科技大学张雪梅的硕士论文《〈向导〉周报青年动员研究》、延安大学林雪雪的硕士论文《延安时期中国共产党青年动员研究——以《中国青年》（1939—1941）为考察对象》、长安大学陈丝露的硕士论文《〈新中华报〉的青年抗战动员研究》、浙江工商大学李明朴硕士论文《〈解放日报〉与青年宣传动员研究（1941—1945）》均以报刊为对象，研究了

---

① 陈莉莉、王湾：《全面抗战初期中国共产党对青年的宣传动员研究——以〈新中华报〉副刊〈青年呼声〉为考察中心》，《广西社会科学》，2020 年第 3 期。

② 刘宣辰、冯夏根：《1948—1949 年中国共产党对青年的动员探析——以〈中国青年〉为中心》，《传承》，2022 年第 1 期。

③ 陈佳丽、陈玉玲、罗正欢：《〈青年实话〉关于青年动员工作的研究》，《海南开放大学学报》，2023 年第 3 期。

中国共产党对青年的宣传动员等内容。

与本书稿的完成同期的赵海燕《抗战时期党的青年动员工作实践及启示》，从中国共产党青年动员的路径、成效和现实启示层面，总结了其动员的成功实践。①

近几年来，还有部分文章与笔者的研究具有相似性，均关注了某个抗日根据地或解放区在某一时段的青年动员的情况，对本研究有较大的对话意义和学习价值。张红、朱翠玲的《抗战时期中共中央南方局青年动员探究》梳理了抗战时期中共中央南方局通过制定正确的方针政策、开展宣传教育活动和切实保障青年利益等方式，在国统区积极开展青年动员工作并取得显著成效。② 上海财经大学张明的硕论《川陕苏区青年动员研究》主要考察了川陕苏区青年动员的背景与内容、动员方式与特点、动员成效和不足。吴越的《东北解放战争时期中国共产党青年动员工作的经验》认为，广泛发动青年群体是推动东北全面解放取得革命胜利重要因素之一。③ 燕山大学李欢溶的硕论《中国共产党在晋察冀抗日根据地的

---

① 赵海燕：《抗战时期党的青年动员工作实践及启示》，《中国青年社会科学》，2020 年第 3 期。
② 张红、朱翠玲：《抗战时期中共中央南方局青年动员探究》，《重庆交通大学学报（社会科学版）》，2022 年第 6 期。
③ 吴越：《东北解放战争时期中国共产党青年动员工作的经验》，2023 教育理论与管理第三届"创新教育与精准管理高峰论坛"，2023 年 9 月 25 日。

青年动员》从政治、经济、文化、军事四方面考察了晋察冀根据地青年动员工作的内容，剖析了晋察冀抗日根据地青年动员工作的方式及特点、成效，指出中国共产党的青年动员工作提高了青年的思想觉悟、支援了抗战，促进了根据地建设。广西师范大学高超的硕论《山东抗日根据地青年动员工作研究》认为，山东根据地面对复杂的斗争形势和艰苦的战斗环境，积极开展青年动员工作，施行了动员政策，创新了动员方式，随着青年动员工作的广泛推进，山东根据地组建了强大的抗日队伍，团结了各界青年，奠定了深厚的群众基础，巩固了根据地的建设发展。该硕论与本研究均聚焦山东，本书时段选定在解放战争时期，更侧重强调战时青年动员的承袭与转变，总结中国共产党青年动员在特定地区开展的内在逻辑和多种面向，以及动员起来的青年如何转变思想、支持革命的。

结合学术史回顾，笔者认为关于青年动员研究仍有待继续深入，具体表现在以下几个方面：一是关于青年工作及青年运动的史料多，但系统的学术研究尚不充分。二是对中国共产党领导青年的整体性研究多，而分析其在不同地域和不同历史时期所采取的政策、方式方法及其成效少。三是自上而下的宏大叙事多，对微观历史事件、人物以及青年群体的反应或者说两者之间的双向互动关注少。对此，本书以山东为聚焦点，细化了中国共产党在山东青年工作中史料梳理与分析工作，从中总结概括出其在特定地区开展活动的内在逻辑。

第一章

中国共产党在山东的早期青年动员

　　山东青年运动有着深厚的历史基础，早在五四运动时期，山东青年学生即奔走在爱国救亡的前列。随后，中国共产党党团组织在山东相继建立，在大革命的洪流中发动青年开展学生运动、参与农民暴动和工人罢工、领导青年投入反帝反封建的政治活动中，初步实现了对山东青年的独立领导和广泛动员。抗战爆发后，中国共产党在广大青年中开展了史无前例的动员工作，基于实现抗日救国目标和建立最广泛的统一战线要求，中国共产党逐渐调整了青年工作的指导方针，鼓励各类青年组织和团体普遍发展，以充分调动青年群体的力量，促进抗战胜利和革命形势的发展。自共产党党团组织在山东成立至抗战后期，党在山东的青年动员工作由自发走向系统、由分散走向统一、由范围狭窄走向广泛，在探索经验的过程中逐步走向成熟，为解放战争时期党的青年动员工作积累了相当的经验，并打下了坚实基础。

一、山东青年运动的先声

19 世纪中叶，随着帝国主义入侵，近代中国社会矛盾的变化在山东尤为突出。早在 1832 年英国"阿美士德"号便驶入山东地区搜集各种情报。鸦片战争后，英法联军多次强行进入山东进行军事侵略，中日甲午战争亦使山东半殖民地化程度进一步加深。1897 年，德国强占胶州湾，并把侵略势力扩至山东内地，而一战爆发后日本又乘机出兵山东，占领青岛。1919 年巴黎和会外交的失败引起了全国人民特别是山东民众的愤慨。五四运动的导火索就是"山东问题"，因此，五四运动的反帝爱国精神在山东表现得尤为激烈。

五四运动在山东青年运动史上是具有初始性和标志性的重大事件，催生了各地青年运动的兴起。广大青年在这场爱国运动中走在了最前列，带动其他阶层群众迅速行动起来。1919 年4 月，山东青年学生举行请愿大会，喊出了"力争主权"的口号。山东是响应五四运动较早的省份，各地学校学生相继举行罢课，成立山东学生外交后援会，召开联合大会，在会场内"悬挂卖国贼曹汝霖、章宗祥、陆宗舆等相片，先后演说，激昂慷慨，闻者泪下。"① 为了力争青岛主权，"济南中学以上各校于 5 月 23 日一律罢课，时常召集会议，进行游行、讲演、散发传单、抵制日货等活动。"② 在青年学生的带动下，工人罢工，商界罢市，工、兵、农、商等各界群众和团体组织在运动中形成了空前的大联合。当时山东地区具有先进思想的进步青年"通过各种形式与群众联系，积极指导着运动"③。山东的五四爱国运动发起时间早，深入广泛，遍及全省城镇和部分农村，持续时间长，巴黎和会拒签合约后，山东青年学生的斗争还持续了大半年时间。

五四运动后，山东以王尽美、邓恩铭为首的青年人接受了新文化的启蒙特别是马列主义的教育，在济南学生当中先后发起组织了"励新学会"和"马克思学说研究会"，它们是社会主义青年团山东地方团的前身。可以说，五四运动为中国共产党党团组织在山东的建立和青年动员的开展奠定了基础，成为山东青年运动和青年觉醒的先声。

---

① 胡汶本、田克深编：《五四运动在山东资料选辑》，山东人民出版社，1980 年，第 216 页。
② 李澄之口述：《回忆五四运动在济南》，中国科学院山东分院历史研究所编：《山东省志资料·第 2 期》，山东人民出版社，1959 年，第 3-5 页。
③ 李绪基、曹振乐：《五四在山东》，中国科学院山东分院历史研究所编：《山东省志资料·第 2 期》，山东人民出版社，1959 年，第 42-45 页。

二、中国共产党在山东青年中的初步活动

五四运动以后,对中国出路的探索几乎成为广大青年的共识。全国各地相继涌现出大大小小的青年组织和社团,成为传播先进思想和吸收青年的重要载体。在此基础上,中国共产党早期党组织在共产国际的帮助下开始创建社会主义青年团,作为外围组织领导早期青年运动,初步实现了对青年的组织化动员。

(一)山东社会主义青年团的创建

山东是国内较早建立青年团组织的地区之一,青年团曾在广大青年中发挥引领作用。1920年,齐鲁书社在济南营业,书社销售各地新出版的进步刊物,吸引了不少青年学生。王尽美、邓恩铭、贾乃甫等早期共产党人就是在此相识。次年7月,作为青年学生的王尽美和邓恩铭参加中国共产党第一次全国代表大会,归来后他们联合济南部分学校的学生成立"马克思学说研究会",性质类似于学生组成的读书会。

党的一大后,中国共产党对青年运动和建立青年团十分重视,中共中央发出通告要求各地加快建团工作。1922年5月,中国社会主义青年团第一次全国代表大会在广州召开,王用章、滕沛昌作为山东的代表列席了会议。回到济南后,王用章在济南马克思学说研究会的集会上,传达了中共中央关于建立

青年团的有关精神，在代表陈为人的主持下，山东开始酝酿筹建济南青年团组织。8月，王尽美、王复元、王用章、贾乃甫、郝永泰5人正式作为第一批团员入团。据贾乃甫回忆："马克思主义学说研究会的成立为社会主义青年团打下了基础，社会主义青年团成立，马克思主义学说研究会渐渐没了。"①济南地方团于该年9月宣告建立后，山东全部中国共产党党员按照要求均加入了青年团，并选举产生了地方团执委会，王复元任书记部书记，张筱田任经济部主任，贾乃甫任宣传部主任。会议还决定在济南各学校和工厂建立团支部。济南地方团组织建立后，由于其为中国共产党济南支部的派生组织，团员全部来自支部所属的党员，因此，党的活动基本上以团的名义组织开展，工作十分活跃。在组织工人运动的同时，济南青年团组织积极参与领导青年学生及社会各界的反帝反封建运动，其间还恢复了济南马克思学说研究会，先后动员进步青年开展反对基督教青年会的活动，领导市民开展反对曹锟贿选总统斗争等。1922年底，济南地方团所属团员共计39人。

1923年8月，在中国社会主义青年团第二次全国代表大会上，中共中央指示山东除在济南建团外，"应在胶济全路、淄

---

① 共青团山东省委研究室：《山东青运史资料·第1辑》，1983年，第17页。

博各矿及青岛设法扩充进行。"① 因此，济南地方团成立后，团员相继到青岛、青州、寿光、广饶、淄博等地开辟工作，吸收青年积极分子，建立青年团组织。8 月下旬，邓恩铭、王振翼首先到青岛进行青年动员工作，到四方铁路机场、沧口纱厂了解青年工人的劳动、工资和生活状况，与职业学校学生广交朋友，在青岛发展了 12 名团员。王翔千利用在青州教书的机会，向学生介绍社会主义思想，推荐进步刊物，动员学生关心国家前途和命运，发展了 10 余名青年学生团员。淄川和博山地区矿业工人居多，邓恩铭和王尽美先后到淄博发展团员，在矿业工人中建立支部。② 寿光张家庄青年教师张玉山在青岛向延伯真和邓恩铭申请入团后，在家乡寿光张家庄和邻村广饶县延家集发展团员。以上便是中国共产党在山东各地建团和动员青年的开始。

山东各地青年团的建立使早期青年工作有了正式的组织，在青年团初创到抗战爆发后青年团被取消的这段时间，山东早期的青年活动大多在青年团的领导下展开。青年团积极发展团员，扩大团的组织，动员青年参加反帝反封建的斗争运动。

---

① 《中国社会主义青年团第二次全国代表大会关于中央执行委员会报告的决议案（节录）》，载常连霆主编，中共山东省委党史研究室、山东省中共党史学会编：《山东党史资料文库·第 2 卷》，山东人民出版社，2015 年，第 74 页。

② 共青团山东省委研究室青运史组编：《山东省青年革命运动简史》，1994 年，第 16—17 页。

（二）动员学生开展爱国民主运动

五四运动以后，青年学生运动日渐蓬勃。1923 年 6 月中国共产党第三次全国代表大会召开，会上通过的《青年运动决议案》强调要加强青年运动的领导。在随后召开的青年团第二次全国代表大会上便据此通过了关于加强领导学生运动的议案。

国民党改组前夕，军阀混战、政局腐败到达极点。① 中共中央在《第三次对于时局的主张》中揭露曹锟政府的反动性，号召推翻其黑暗统治。② 在山东，中国共产党通过山东学生联合总会联络各社会团体，动员青年开展反贿选活动，组织学校学生举行抗议集会和示威游行。次年 5 月，《中俄解决悬案大纲协定》签订后，中国共产党以此为起点，在全国范围内掀起了一场大规模反帝废约运动。于 8 月 24 日在山东成立反帝国主义大同盟，王尽美为同盟起草宣言，呼吁"凡为帝国主义国家，不论其为英为美为日为法，皆在我们反对之列。已成立之特权及不平等条约，我们要努力使他废弃及收回。"③ 中国共产党联合各团体开展反对帝国主义文化侵略的"非基督教运动"，在团济南地委的联络下建立了"济南非基督教大同盟"，

① 郑师渠：《国共合作与学生运动（1924—1927）》，《北京师范大学学报（社会科学版）》，2015 年第 3 期。
② 南开大学编：《中国现代史稿（1919—1949）》，黑龙江人民出版社，1980 年，第 106 页。
③ 中共诸城县委山东大学历史系：《王尽美》，山东人民出版社，1981 年，第 118 页。

他们"印刷《告教会同学书》及《济南学生》反基特刊数千份，到城区、商埠各学校散发张贴"，在济南搭起宣传棚，鼓动学生与基督教徒辩论并登台演讲，在青年学生中开展了多种形式的宣传动员活动。[①] 1925 年 5 月，青岛日本纱厂资本家勾结奉系军阀张宗昌枪杀和逮捕工人，与上海的"五卅"惨案并称"青沪惨案"，山东青年学生掀起声援"青沪惨案"的高潮。中国共产党借此机会在济南发动青年学生重建济南学生联合会，"在工人中募捐，一部汇沪，一部救济本市罢工工人"[②]。团青岛地委也发动青岛大学和青岛职业学校学生成立后援会。中国共产党在青年学生中积极活动，通过动员学生参与反帝爱国运动将其引入革命大潮。

（三）动员青年工人罢工

资本主义工商业的发展对于劳动力需求甚大，工人群体得以迅速发展壮大，青年工人在生产中的作用尤其明显。"青年工人因为经济生活的特殊痛苦，其反抗情绪亦特殊高涨"，如山东四方总厂的黄色工会完全由青年学徒组成。[③] 青年团在济

---

① 《山东青年运动大事记》，载共青团山东省委研究室：《山东青运史资料·第 3 辑》，1984 年，第 7 页。

② 《山东青年运动大事记》，载共青团山东省委研究室：《山东青运史资料·第 3 辑》，1984 年，第 7 页。

③ 《共青团山东省委目前工作计划大纲——共青团中央与山东省委负责同志联席会议决议案》，载中国新民主主义青年团中央委员会办公厅编：《中国青年运动历史资料》，1958 年，第 219 页。

南初成立时，也正值全省工人运动不断高涨之时，济南地委专门成立青工运动研究会讨论联络青年工人的方法，组建俱乐部，"设上一点简单的游艺器具借以号召青工，训练青工"，并在各大工厂开展活动，在青年工人中建立团支部。① 青岛主权收回后，日商在青岛大肆经营纱厂，对工人的盘剥到了敲骨吸髓的地步，工人生命健康受到威胁，工作环境和生活质量低下，青年工人首当其冲。受上海工人罢工的影响，在邓恩铭等人的宣传组织下，到 1925 年 3 月下旬，青岛日商各纱厂工人秘密组织的工会已初具规模。王尽美、邓恩铭、王翔千、王用章等专为此次罢工召集联席会议，广泛开展社会宣传。② 为加强对罢工的领导，特调来一批青年团员帮助工作，组织罢工指导委员会，动员青年工人在罢工中发挥带头作用。

（四）领导青年农民暴动

国民革命失败后，中国共产党于 1927 年确定实行土地革命和武装反抗国民党统治的方针，把发动农民起义作为当时党的重要任务。自 1928 年起山东出现了多次农民武装暴动。时下农村一部分青年已经初步接受了革命影响，在中国共产党动员下成为农民运动的领导核心。如青州暴动的负责人郑心亭时

① 山东省总工会、山东省档案馆合编：《山东工人运动历史文献选编·第 1 集（1921—1937）》，第 55 页。
② 常连霆主编、中共山东省委党史研究室编：《中共山东编年史·第 1 卷》，山东人民出版社，2015 年，第 232 页。

年23岁，领导日照暴动的安哲、陈雷、郑天九是少年日照学会的成员，领导苍山暴动的刘之言、郭云舫、唐东华、孙善师也都是30岁以下的青年人，坡里暴动的领导人王寅生、聂子政、赵以政、孙大安等均为二十三四岁的青年。① 在农民暴动中，各地青年团在其中做了大量秘密串联和地下动员工作。阳谷县坡里暴动队伍共300余人，其中包括省立第二中学、第三师范青年团员以及附近9个村落的团员，他们占领勾结地主盘剥百姓的坡里天主教堂，将教堂占有的粮食分发给农民，缴获枪支。1928年的高唐县谷官屯"红团"暴动中青年团员占到20多名，团员领导镇压惯匪恶霸和抗税抗捐，动员吸收青年农民参加暴动队伍。②

此外，中国共产党在山东开展早期青年工作也存在一些困境。客观情况是，山东地区早期共产党员数量并不多，组织不巩固，缺乏核心有力的领导部署。即使在建立青年团后，"团员也不多，组织薄弱"③。第二次团代会也指出了山东团的这一问题："济南地方团在各种群众运动颇努力，对于教育宣传、

---

① 共青团山东省委研究室青运史组编：《山东省青年革命运动简史》，1994年，第41页。
② 共青团山东省委研究室青运史组编：《山东省青年革命运动简史》，1994年，第39页。
③ 共青团山东省委研究室：《山东青运史资料·第3辑》，1984年，第35页。

劳动运动亦有较好之成绩。惟组织涣散，负责工作的人太少。"① 从动员范围来看，早期仅以青年学生作为独立动员的主体，对青年工人和农民的重点发动相对较少。济南地方青年团成立时成员也多为学生，最初30多名团员中11名是在校青年学生。中国共产党济南支部代理书记吴容沧主持济南地方团工作时，恰遇春节学校放假，学生回家过年，大小事务都由吴容沧一人打理。他在向团中央的报告中讲述了当时的情况："此方S. Y. 之团员系学生居多，而山东之学生均有'埋头几案'、'不问世事'之通病，课外之事，无非游玩而已……即S. Y. 之团员亦未必不如斯。从去年放年假后，各校学生纷纷回里，此处只留我一人，简直要令人痛哭流涕。"② 另外，山东青年团成立后在政治领导上与党组织亦步亦趋的，对此团中央曾来信批评道："山东团组织没有充分注意青年的特点，而是党做什么团就做什么，好像第二党一样。"③ 尽管如此，早期中国共产党在山东青年中的活动仍有其深刻意义。中国共产党利用各种条件开展工作，在青年中播撒革命火种，使一部分

---

① 《中国社会主义青年团第二次全国代表大会关于中央执行委员会报告的决议案（节录）》，载常连霆主编，中共山东省委党史研究室、山东省中共党史学会编：《山东党史资料文库·第2卷》，山东人民出版社，2015年，第74页。

② 常连霆主编、中共山东省委党史研究室编：《中共山东编年史·第1卷》，山东人民出版社，2015年，第90页。

③ 向禹：《社会主义青年团在山东的创建》，载共青团中央青运史研究室编：《中国社会主义青年团创建问题论文集》，第218页。

青年接受了革命的锻炼与洗礼，进一步接受中国共产党的革命思想与政策，为抗战时期大规模的青年动员做了准备。

三、全民族抗战形势下的山东青年动员

抗日战争时期，面对外敌入侵、民族危亡，民族矛盾一跃上升为主要矛盾，在此情势下，全国上上下下、男女老少被广泛动员起来，投身于伟大抗日战争的实践当中，广大青年也不例外。抗日战争时期，中国共产党在山东抗日根据地的青年动员工作根据实际需要，也经历了一个不断调整和扩展的过程，青年团体和组织不断涌现，青年干部队伍不断发展壮大，青年动员范围不断延伸，青年群体在抗日战争中日益发挥重要作用。全民族抗战形势下的山东青年动员为解放战争时期的青年工作奠定了极为重要的基础。

（一）山东抗日根据地青年动员团体相继建立

九一八事变后，中国共产党在各地开展大规模的抗日宣传活动，青年学生首先举起爱国主义大旗开展抗日救亡运动，并联系工农青年成立抗日团体和武装。为了进一步广泛团结各界青年及青年团体，1936 年 11 月中共中央决定取消青年团，青年团团员"依照各地的具体环境与需要，去参加一切现有青年群众的合法的与公开的组织"，并在青年各种需要与要求的基础上"创立各种各样青年群众组织"，动员更多的积极青年抗

日救亡。① 由此，"民先队"（中华民族解放先锋队）、"青救会"（青年抗日救国会）、"民抗先"（中华民族抗日先锋队）、"民青联"（中国民主青年联合会）等青年组织纷纷成立。中国共产党此举意在纠正以往青年工作中的关门主义，建立抗战形势下最广泛的青年统一战线。

1937 年，中共中央专门组建了"西北青年救国联合会"作为现有各地青年团体的最高领导机关，在县委以上地方党部直至中央成立青年工作委员会，建立起党内自上至下的青年工作领导机构，并在抗日救国的一致目标下实现全国青年大联合。次年，党又成立中华青联办事处，与西北青救会和中共中央青委形成相互配合的一套班子。同时，中国共产党正式提出青年动员的具体任务，在大后方动员青年协助共产党政府推行各种对抗战有利的新政，配合前线需要进行各种动员工作、群众教育、生产和募捐慰劳等；在战区动员青年协助人民军队作战；在抗日根据地大量组织青年、武装青年，建立民主抗日政权，猛烈发展游击战争。②

与其他抗日根据地不同的是，抗战前山东没有建立红色武装和政权，而是随着日军大举入侵，中国共产党在山东迅速组

---

① 魏建国主编：《瓦窑堡时期中央文献选编·上》，东方出版社，2012 年，第 41 页。

② 中央团校青运史研究室编：《中国新民主主义革命时期青年运动简史》，中央团校青运研究室，1982 年，第 159 页。

织动员人民发动起义，建立起武装力量。无论是山东革命武装的发展壮大，还是山东抗日根据地的巩固，都与中国共产党在青年中的动员工作密切相关。在全民族抗战的紧急形势下，中国共产党首先在政治上要求纠正过去轻视、忽视青年工作的现象，要"不分党派、不分阶级、不分宗教信仰、不分性别、不分民族地团结起来"①，形成坚固的青年的统一阵线。在组织方面，中共山东省委青年部于1938年发出《关于加强青年工作的通知》，要求各级特委、县委首先把青年部成立起来，并推动各地青年团体的建立②，以广泛和公开的方式将所有不愿做亡国奴的青年组织起来。根据以上精神，各类青年组织团体在山东抗日根据地相继组建，这些青年团体广泛分布于城乡，接受党的统一领导，同时，其也具有一定的独立性。

山东的民先队是抗战前期最为活跃的青年抗日救亡组织，在中国共产党的领导下做了大量动员工作。据不完全统计，抗战全面爆发以前，就有24个县市秘密建立了民先队，队员大多是青年学生和青年教师。七七事变后一部分平津逃亡学生涌向山东，其中大批鲁籍民先队员回到家乡发展队员，在当地成立民先组织，为山东的青年运动添了一把火。1937年9月，中

---

① 共青团山东省委、山东省档案馆合编：《山东青年运动档案史料选编·第2辑（1938—1949）》，第4页。
② 共青团山东省委、山东省档案馆合编：《山东青年运动档案史料选编·第2辑（1938—1949）》，第1页。

华民族解放先锋队山东省部成立，创办《齐鲁先锋》和《冲锋号》宣传中国共产党的抗日主张，动员青年积极抗战。在中国共产党取消共青团，普遍建立青年救国会之前，山东的民先队是一个过渡性的青年动员组织，很多活动都是以民先队的名义进行的。

随着抗战进程的推进，山东各个根据地纷纷成立了青年团体，组织形式多样。如胶东地区有青年抗日救国会、青年抗敌救国团、青年抗日先锋队、青年工作团、青年救国会；鲁西地区有青年救国团、青年救国会、青年读书会、青年锄奸团；鲁南地区有青年救国团等；清河地区有青年救国会；湖西地区有青年救国团、学生会、读书会等。其中基本还是以青年救国会及青年救国团为主要的组织形式。①

山东大部沦陷后，按照中共苏鲁豫院边区特委的指示，郭影秋、唐秉光等人在徐州组建第五战区青年救国团，山东各抗日根据地受此影响，在临郯、费县、金乡、莒县、莱芜、沂水等地也相继成立了青救团，其中临郯和莱芜的青救团规模和影响较大。青救团与青救会不同，它是在中国共产党组织基础巩固的地区，地下党员以爱国民主人士的身份进行公开活动，成

---

① 刘居英：《抗战以来山东青年运动的总结及其发展的新方向》，载常连霆主编、中共山东省委党史研究室编：《山东党的革命历史文献选编（1920—1949）第 3 卷》，山东人民出版社，2015 年，第 407 页。

员以城镇中小学生和青年教师为主，是个半军事性的组织。① 青年救国团以知识青年为主，动员主体和范围相对狭窄。随着青年动员的中心向扩展到各地农村，发展更加广泛的青年组织成为必需。中国共产党认为青救会就是"适合于团结各阶级青年的主要组织形式"，充分肯定青年救国会在青年动员中的成绩。② 因此，党撤销了区委以下各级青委，将青委的工作人员加入青救会领导机关。1940 年 7 月，在山东第一次青年代表大会上成立"山东省青年救国联合会"，专署区建立青年救国会分会或办事处，县以下一直到村级组织青救会或青救团。此后，各级青救会在党的领导下开展青年运动，整个抗战中后期成为山东抗日根据地动员青年普遍而有效的组织。青救会的主要任务和工作是：宣传抗日，动员青年参军；组织青年参加减租减息和土地改革；组织青年学习文化。和抗战前的共青团相比，青救会员的人数增加了成千上万倍。然而，"会员和非会员的组织界限不是很清楚的。事实上，青年中是有先进、中间、落后的差别的，对他们不加区别地组织在一起，就不能满

---

① 共青团山东省委研究室青运史组编：《山东省青年革命运动简史》，1994 年，第 79-80 页。

② 《中央关于青年工作的决议》，载中国延安精神研究会编：《中共中央在延安十三年资料·重要资料选辑·中》，中央文献出版社，2017 年，第 29 页。

足积极分子的要求，也不能更好地发挥他们的骨干作用。"①
所以，解放战争后期就提出了重建青年团的问题。

为保证作战任务的完成和兵源素质的提高，中国共产党亦
十分重视对部队青年的动员，发扬青年战士的模范作用。山东
纵队政治处在《青年工作决定》中指示，部队的青年组织形式
为"青年队"，"原则上吸收全队的青年战士"，要对青年进行
单独的训练与教育，提拔青年中的优秀分子。② 为响应"补充
扩大正规军和普遍组织青年的地方武装"的任务，中国共产党
还在青年中建立青年群众性军事组织。③ 山东在各地集中力量
发展"青抗先"（山东青年抗日先锋队）作为不脱离生产的半
武装组织，主要任务是："戒备锄奸，担任后方勤务工作及战
时服务工作，配合军队自卫队对敌人作战，积极袭扰敌人，成
为抗日军的坚强后备队伍"④。青抗先是受同级青联及青救会
直接领导的，青抗先的队员必须是青救会会员。

---

① 共青团山东省委研究室：《山东青运史资料 第五辑 全省青运史工作会
议专辑》，1985 年，第 67 页。
② 《山东纵队政治处青年工作的决定》，载共青团山东省委、山东省档案
馆合编：《山东青年运动档案史料选编·第 2 辑（1938–1949）》，第
10 页。
③ 常连霆主编，中共山东省委党史研究室、山东省中共党史学会编：《山
东党史资料文库·第 8 卷》，山东人民出版社，2015 年，第 429 页。
④ 《山东省青抗先章程草案》，载常连霆主编，中共山东省委党史研究室、
山东省中共党史学会编：《山东党史资料文库·第 8 卷》，山东人民出
版社，2015 年，第 510 页。

（二）山东抗日根据地青年动员的方针政策和任务要求

"九一八"事变后，在反帝斗争中，首先被动员的就是学生，中国共产党通过动员学生罢课等方式进行反帝爱国斗争。中共山东省委在 1932 年在上一年的工作报告中提到，"九一八"事变日本帝国主义在东三省实施暴行后，省委就指示各党部，要求教育工农群众和学生认清前途，加紧反帝运动。"在青岛大学、铁路中学、女高中、济南的高级中学、北园乡村师范、正谊中学、女子师范、第一中学、爱美女中、曲阜师范等学校中都有我们的组织。当各地组织义勇军的时候，我们便动员全体学生组织参加义勇军，同时在义勇军中来做宣传鼓动与组织工作，在各校都收到不错的效果，尤其是在济南。"[①] 青年团的组织成分大部分也是学生，如济南团 70 多名团员中有 60 多名是青年学生。此外，中国共产党还认识到仅靠学生的力量反对帝国主义和国民党是不够的，必须利用青年学生的号召力和带动性，将工人、农民、兵士发动起来。于是，中共中央在 1931 年 12 月公布《中国共产党为国民党压迫学生爱国运动告革命的学生》，号召革命的学生在民族存亡危急之秋，最主要的任务是"用尽一切力量去联合乡村、各兵营，与各工厂矿山的工人、兵士、农民以及一切劳苦群众，把他们团结起来，

---

① 共青团山东省委、山东省档案馆合编：《山东青年运动档案史料选编·第 2 辑（1938—1949）》，第 297 页。

组织起来，武装起来，成立工农兵以及一切劳苦群众的政权。"①
这充分体现了中国共产党对青年学生的重视，也彰显了青年的
力量。

1937 年 7 月 15 日，在"七七"事变爆发的几天后，西北
青年救国联合会旋即发表《致全国青年的通电和全体青救会的
紧急动员通告》，号召："所有不愿当亡国奴的中华青年男女，
不分政治、信仰、职业、宗教的区别，应该实现抗日青年救国
大联合，在一直抵抗到底，誓死不让日寇侵占中国一寸土地，
坚决保卫平、津、华北的口号下，准备立即驶赴华北抗日前
线。"② 同时还提出立即形成全国青年救国大联合；各地青年
动员起来，组织战地服务团、抗战后援会、战地看护队等，援
助前线抗日将士；要扩大抗战的宣传运动，在"全体青年武装
起来"的口号下，组织学生的军事训练，动员千百万青年到抗
日部队中去；组织青年缉私队、监察队，协助政府坚决打击日
寇、间谍、特务机关和汉奸亲日分子的阴谋活动。③ 1938 年，
中共中央号召各地党部注意青年工作，组织青年工作委员会，

---

① 共青团中央青运史研究室，中央档案馆编：《中共中央青年运动文件选
编：1921 年 7 月—1949 年 9 月》，中国青年出版社，1988 年，第 335
页。

② 共青团中央青运史研究室，中央档案馆编：《中共中央青年运动文件选
编：1921 年 7 月—1949 年 9 月》，中国青年出版社，1988 年，第 335
页。

③ 共青团中央青运史研究室编：《中国青年运动史》，中国青年出版社，
1984 年，第 163 页。

山东省委遂决定下一步有计划地开展青年工作，设立青年部，领导各地青年团体。同年，山东省委青年部部长景晓村要求在抗战形势下，"要坚决地与这种作风（青年工作中的关门主义）作斗争，用最广泛、最公开的、最深入的作风，将所有不愿做亡国奴的青年都组织起来，成为最有力的、最广大的群众组织。"[①] "今天山东组织青年团体的基本群众，不只限于青年学生，那些青年农民、青年工人、店员、手工业者，都是最好的并且最多的对象。"[②] 可见，全面抗战爆发后，中国共产党的目的是先尽可能多地动员全体青年，成为抗战的有生力量。为贯彻落实西北青年救国会的指示要求，山东省委青年部对各青年团体的动员任务作出明确规定，"应积极动员自己的团员，组织各种援助工作，如慰劳队、工作团、募捐队、运输队、看护队、抵制日货团、抗日十人团等等团体，进行帮助政府及军队的抗敌工作，以扩大自己的影响，在行动中来动员和组织未组织的青年。"[③]

　　山东省委十分重视青年工作，有关领导如朱瑞、刘居英、

---

① 中共山东省委党史研究室，山东省中共党史学会编：《山东党史资料文库·第 14 卷》，山东人民出版社，2015 年，第 27 页。
② 景晓村：《展开山东青年抗日运动（一九三八年十月一日）》，载共青团山东省委、山东省档案馆合编：《山东青年运动档案史料选编·第 2 辑（1938—1949）》，第 5 页。
③ 景晓村：《展开山东青年抗日运动（一九三八年十月一日）》，载共青团山东省委、山东省档案馆合编：《山东青年运动档案史料选编·第 2 辑（1938—1949）》，第 5 页。

谢有法等多次对青年工作做出指示，并对青年动员的任务和内容提出明确规定。1940年5月4日，朱瑞着重指出山东青年的当下的任务，主要是：1. 发展壮大自身组织并健全青年领导机关。2. 培养青年干部。3. 扩大青年统一战线。4. 广泛参军参战。[①] 刘居英在随后的报告中提出山东青年工作的任务就是：扩大组织，巩固统一，动员参战，积极参政，改善生活，开展文化，领导儿童，培养干部。[②] 1941年，中共中央要求进一步扩大青年动员的范围，强调总任务仍然是团结整个青年一代，但除了动员全体工农青年，还应"极力争取地主、富农，资本家的青年，仅仅打击与孤立那些绝对坚决不愿改悔的汉奸分子与反共分子。[③] 为进一步加强对青年工作的领导，山东分局决定成立朱瑞、黎玉、萧华、刘居英、钟效培、陈放、苏展等组成的分局青委会，创办泽东青年干部学校山东分校，出版《中国青年》山东版，决定开展全体、全面的青年运动，把青年工

---

① 朱瑞：《山东青年的当前任务（一九四〇年五月四日）》，载共青团山东省委、山东省档案馆合编：《山东青年运动档案史料选编·第2辑（1938—1949）》，第22-25页。

② 刘居英：《抗战以来山东青年运动的总结及其发展的新方向——刘居英在联合大会的报告（一九四〇年八月十三日）》，载共青团山东省委、山东省档案馆合编：《山东青年运动档案史料选编·第2辑（1938—1949）》第62页。

③ 《中央关于青年工作的决议（一九四一年六月四日）》，载共青团中央青运史研究室、中央档案馆编：《中共中央青年运动文件选编（1921年7月—1949年9月）》，中国青年出版社，1988年，第546页。

作当作是党的工作的重要部分。① 1943 年，山东的青年动员工
作出现了新的认识和转向，根据山东分局在 1943 年对青年工
作指示，不难发现有以下几个特点：1. 注重解决和满足青年特
殊利益和要求，在此基础上广泛发动青年参加民兵、根据地民
主建设、文化建设等。如配合群众工作和双减的群众斗争，改
善青年工人、青年农民本身与家庭的生活及地位，并解决青年
本身的生活问题，发动青年群众的积极性，以动员组织全部青
年。2. 开始改变抗战时期一直以来一般化、同质化的动员方
式，根据青年的不同成分、不同地位、不同职业与要求，团结
青年的大多数，克服过去组织形式和工作方式的老一套、一般
化的形式主义。3. 开始注意与敌人开展对青年的争取工作。通
过专门讨论、干部分工负责、加紧宣传、收容逃难敌占区青年
等措施，开展敌占区青年的争取和团结工作。②

（三）抗战期间山东抗日根据地青年动员的发展阶段及特点

纵观整个抗战时期中国共产党在山东的青年动员大致可分
为以下几个阶段。首先是从抗战爆发到山东沦陷，这一时期的
青年运动仍以学生为主体。由于外敌的入侵促使大批青年学生

---

① 《中共山东分局关于加强党对青年工作领导的决定（一九四一年十月十
　日）》，载共青团山东省委、山东省档案馆合编：《山东青年运动档案
　史料选编·第 2 辑（1938—1949）》，第 121-123 页。
② 《中共山东分局青委关于一九四三年山东青年工作的指示》，载共青团
　山东省委、山东省档案馆合编：《山东青年运动档案史料选编·第 2 辑
　（1938—1949）》，第 143-145 页。

激于民族义愤投身抗战，他们在党的号召下积极参与战争动员并进行战时服务，如文艺汇演、募捐慰劳、救护伤兵等。这一时期青年动员的组织形式多半是民先队和平津同学会，活动地区集中于城市，青年动员的阶层仍极狭窄，广大工农青年还没有组织起来。所以，事实上青年动员的范围仍未明显扩大。正如为建立山东抗日民主政权作出贡献、时任中共山东分局宣传部长的李竹如在1941年指出："山东的青年工作，在抗战开始时是以城市学生与知识分子为主要对象，在敌人侵入山东后，城镇相继失守，学生及先进知识分子已大部参加救亡工作，青年工作的团结与组织对象的中心已转到广大的工农青年上面。"[①] 第二阶段是自山东沦陷到1939年山东青年团体临时代表大会的召开，青年动员随着抗战的发展更趋普遍与广泛，由城市向农村转移。青年救国会和青救团逐渐取代民先队，在农村中大量发展起来，但暂时还没有统一的领导组织。自此至抗战胜利为第三阶段，这一时期"动员参战是一切工作的中心"[②]，中国共产党大量动员青年参加部队，建立起大量的青年武装和青年游击小组参与反扫荡斗争。党的青年组织不仅遍

---

① 李竹如：《山东青年工作中的几个问题（一九四一年八月二十五日）》，载常连霆主编，中共山东省委党史研究室、山东省中共党史学会编：《山东党史资料文库·第8卷》，山东人民出版社，2015年，第431页。

② 山东省档案馆、山东社会科学院历史研究所合编：《山东革命历史档案资料选编·第5辑（1940.7-9）》，山东人民出版社，1982年，第165页。

布各个地区，而且遍布各个阶层，囊括了大批知识青年和工农青年。仅在1940年一年的统计就显示："全省85%的县份已有青年的下层组织和活动"，青年组织中"工农成份占80%，学生成份占百分之17%，其他占3%。"① 这种比例上的数据说明青年动员的对象和主体已经扩展至各阶层，尤其以工农青年为主。中国共产党不分党派、阶级、宗教、民族，把青年动员起来共同抗日，打破了青年运动中的关门主义作风，青年工作逐渐从过去狭窄的小胡同里走了出来，广泛团结了一切不愿做亡国奴的青年。

在抗战救国的一致目标下，在艰巨的革命任务和紧迫的局势面前，中国共产党为尽可能多地争取和动员青年加入到抗日统一战线中，激发青年的革命力量，更加注重开展更为广泛的动员工作。刘居英在其青年工作总结中曾就此提道："很多工作只顾追求数目，而没有注意组织的内容实质……在组织形式上还太单纯，不能以多样的性质与形式去团结多种不同的青年。"② 战后，中国共产党则逐渐将青年动员的对象与方针细化，不再一味追求数量上的广泛团结，而是更加强调动员实践

---

① 山东省档案馆、山东社会科学院历史研究所合编：《山东革命历史档案资料选编·第5辑（1940.7—9）》，山东人民出版社，1982年，第169页。

② 刘居英：《抗战以来山东青年运动的总结及其发展的新方向》，载共青团山东省委、山东省档案馆合编：《山东青年运动档案史料选编·第2辑》，第48页。

的针对性与高效性。组织层面，山东抗日根据地在青救总会之下健全了由省到县各级青联机关和工作团形成的动员机制，在乡村普遍组织创建了青救会。由于青年工作迅速开展和机构充实的客观需要，党还培养了不少专职青年工作干部，到抗战中后期"山东青年干部也并不缺乏"①。直到解放战争时期，这些领导机关和青年工作干部仍然继续发挥作用。

---

① 常连霆主编，中共山东省委党史研究室、山东省中共党史学会编：《山东党史资料文库·第8卷》，山东人民出版社，2015年，第430页。

第二章

解放战争时期山东解放区
青年动员的嬗变

　　抗战胜利后，山东抗日根据地已发展为比较成熟的解放区。山东解放区人口达 2800 万，面积 12.5 万平方公里，建立了一支 27 万人的正规部队和 71 余万民兵的人民武装，拥有中共党员 22 万人。① 此时，全国面临的形势是"两种命运"的斗争，自抗战相持阶段后蒋介石便开始消极抗战、积极反共，中国共产党的方针则是"针锋相对，寸土必争"。② 从全国战略看，山东解放区是连接华中、华北和东北各解放区的枢纽，为国共两党重要的战略争夺点。在解放战争前，中国共产党就加紧对山东的战略部署，抽调一部分主力部队和干部支援东北解放区，将新四军部队移驻山东，并迅速放手发动群众巩固革

---

① 唐致卿、岳海鹰：《山东解放区史稿·解放战争卷》，中国物资出版社，1998 年，第 3 页。

② 《抗日战争胜利后的时局和我们的方针》，载中共中央文献研究室、中国延安干部学院编：《延安时期党的重要领导人著作选编·上》，中央文献出版社，2014 年，第 316-317、319-320 页。

命成果，击破国民党独占抗战胜利果实和发动内战的企图。在严峻的备战形势和加紧发动群众的大背景下，青年动员作为其中的重要组成部分，其工作方针和组织形式正悄然发生变化。

一、青年动员方针政策逐步细化

中国共产党在山东解放区的青年工作在抗战时期便颇有成效，也积累了相当的青年动员经验，为解放战争时期青年动员的开展奠定了深厚基础。抗战胜利后，广大青年普遍认为最大的敌人已经打退，抗日救国的动员口号似乎已不再适用，参与各项活动的热情开始消减，其积极性"比起抗战的青年还是大不相同的"①。同时，由于山东解放区面积进一步扩大，区域内青年数量大增，成分复杂，思想情况亦不尽相同。新解放区的青年对中国共产党的革命内容和解放区的政策不甚了解，甚至存在偏见，而老解放区青抗先等青年团体的工作在战后被武委会所涵盖，而生产活动又统一由农救会负责，解放区一度出现青年无用论的论调，青年活动的领域减少。部分青年干部则认为青年工作无内容、无方向，个别干部不愿再继续做青年工作。这些情形均对中国共产党的青年工作带来了新挑战，并提出了更高的要求。广大青年的统一战线是否还要坚持，青年

① 共青团山东省委、山东省档案馆合编：《山东青年运动档案史料选编·第2辑（1938—1949）》，第201页。

团体的目标和工作内容需不需要改变，青年动员的方向和方针需不需要调整，等等，这些都是青年工作必须进一步明确的问题。

抗战胜利后，中国共产党并未削弱青年统一战线，一向主张尽可能团结巩固最广泛的青年统一战线。时任山东省委书记黎玉曾在抗战后的一次讲话中指出："今后的青年运动的性质基本上还是反法西斯的任务，这是一个旗帜，不能取消……从农村到城市，青年工人、青年学生等依旧都是今后动员的对象"，但"青年工作要加强，青年干部思想亦应打通，在农村青年运动中要适合农村环境，在城市要适合城市的环境"。① 这段讲话为此后山东地区青年运动的目标和青年工作内容指明了方向。山东省青联在其重新修订的行动纲领中便将"团结广大青年，建立青年联合阵线，为实现国内和平民主、团结与统一而奋斗"② 放在首要位置，以此巩固自抗战以来的青年统一战线，倡导各地动员最广大的青年群众，团结广大青年坚决反对国民党的独裁统治。中国共产党充分肯定了广大青年在抗战中对敌斗争、参军、生产劳动中的成绩，并在此基础上要求广

①　黎玉：《论群众路线与山东群众运动》，载共青团中央青运史工作指导委员会、中国青少年研究中心、中央档案馆资料利用部编：《中国青年运动历史资料·第16辑（1942—1946）》，中国青年出版社，2002年，第329-331页。

②　《山东省青联行动纲领》，载共青团山东省委、山东省档案馆合编：《山东青年运动档案史料选编·第2辑（1938—1949）》，第197页。

大干部在工作中不要忽视青年工作的作用，而是要更加明确起来。[1] 在思想上坚定青年干部继续从事青年工作的信心，认识到新形势下青年工作仍然具有重要意义。

在山东解放区，农村青年经过了抗战时期各种形式青年团体的组织动员和群众运动的锻炼，政治觉悟和革命意识已有了相当程度的提高。尤其是老解放区的农村青年，党组织并未对其提出过多新的要求，仅是在土改大潮中强调要"把握农村青年运动的规律和青年特点，将农村青年在减租减息、反恶霸等农村群众运动中真正动员起来[2]。使广大青年解除了思想负担，摆脱了压榨，"翻身"后又转入生产运动以及其他学习和文化活动，从而发挥了广大青年在各方面活动中的积极作用。中国共产党通过减轻青年所遭受的经济政治剥削，解决了青年生活困难，在满足青年基本利益诉求后动员广大青年积极参与农村运动，巩固了老解放区农村地区青年支持共产党政权的战斗堡垒作用。

新解放区的农村青年是一支新兴组建且数量庞大的队伍。

---

[1] 共青团中央青运史工作指导委员会、中国青少年研究中心、中央档案馆资料利用部编：《中国青年运动历史资料·第十六集（1942—1946）》，中国青年出版社，2002年，第333页。

[2] 共青团中央青运史工作指导委员会、中国青少年研究中心、中央档案馆利用部编：《中国青年运动历史资料·第十六集（1942—1946）》，中国青年出版社，2002年，第329-331页。

1946 年初，山东新解放区的农村地区约有将近 200 万青年。①
中国共产党在新解放区开展工作时，对农村青年的动员方针
是："要在发动整个农民中，同时发动起青年来"②。共产党从
青年的具体情况出发，注重与农民运动相结合，从不孤立地发
动青年，使青年在运动中能够得到教育和锻炼，使广大青年的
民主意识与阶级觉悟不断提高。在发动青年参加反奸诉苦、减
租减息等运动过程中，共产党要求"依据青年的自愿，运用青
年所喜欢的各种各样形式把青年团结起来，组织起来。从青年
的要求出发去组织、领导青年进行生产劳动、学习、武装、文
娱等活动，进一步改善其生活和提高青年的文化、政治水平以
及社会地位。"③ 可见，中国共产党动员青年时，是十分尊重
青年意愿的，党通过改善其生活状况和提高其文化政治水平等
方式吸引青年、团结青年。此外，由于新解放区农村地区的青
年工作并不十分稳固，党组织特意从老解放区抽调了一批青年
干部奔赴新解放区农村地区，帮助其开展工作。在新解放区农

---

① 共青团中央青运史工作指导委员会、中国青少年研究中心、中央档案
馆资料利用部编：《中国青年运动历史资料·第十六集（1942—
1946）》，中国青年出版社，2002 年，第 187 页。

② 《山东省青联关于新解放区农村青年工作的指示》，共青团中央青运史
工作指导委员会、中国青少年研究中心、中央档案馆资料利用部编：
中国青年运动历史资料·第十六集（1942—1946）》，中国青年出版
社，2002 年，第 187 页。

③ 《关于新解放区农村青年工作的初步研究》，1946 年 3 月，档号：
G003-01-0027-003，山东省档案馆。

村，共产党暂不主张普遍组织青救会，而是视情况设立与新解放区农村情况相适宜的"青年组"作为过渡，通过少数青年积极分子去团结各阶层的青年，并扩大青年组，再以此为基础建立青救会。

解放战争时期，越来越多的中小城市相继解放。新解放区城市青年有些受过敌伪政权的奴化教育，与老解放区的青年相比民族观念不甚强烈且阶级成分比较复杂，地主子弟和伪政权相关人员占有一定比重，加之特务的欺骗宣传，有的青年甚至对中国共产党存在误解。而我们党在这些地区的地下青年组织工作基础薄弱，缺乏骨干。因此面对尚未稳定的国内政局和社会秩序，不少青年采取观望态度。此种情形下，共产党并不急于在城市中迅速开展青年动员，其大致方针是："不机械搬运在农村的一套工作组织和方式流程，而是符合当地青年工作的实际稍作动员即可。"① 中国共产党对新解放区青年工作要求不高，各级组织和干部"只要在生活上、思想上与他们有了一定的联系，能够打破青年的各种疑虑及其对解放区军政民误解的地方就可以"，主张对城市青年的改变不必过分急躁与政治化，纯洁正派的青年"可以逐渐培养教育"，其他的"慢慢动

---

① 《新解放区中小城市的知识青年工作如何进行》，1946 年 1 月，档号：G003-01-0027-002，山东省档案馆。

员他们反省坦白悔过，逐渐调整成分"。① 中国共产党认为在城市青年中大张旗鼓地进行宣传是最主要的，通过宣传能破除谣言，打消青年的各种疑虑。鉴于城市青年分布比较集中且不愿单独接触的特点，我们党在宣传过程中多采用集体动员的方式，"灵活运用各种不同名义、各种临时性组织"，如召集各种座谈会，成立俱乐部、运动场、书报杂志阅览处、民教馆等公共活动场所进行集体宣传和接近。② 同时，在动员过程中选择了一批纯洁正派的青年积极分子，渐次对其进行教育与培养，以青年动员青年。

有别于抗战时期相对笼统单一的青年动员方式，解放战争时期，中国共产党出于巩固老解放区的政权建设和妥善接管新解放区的实际需要，根据不同区域青年的总体特点和青年工作基础细化的动员方针，使山东解放区的青年动员工作得到了进一步完善。

二、青年动员的内容和形势呈现出新特点

在结合新的政治形势和青年群体特点的基础上，中国共产党在山东解放区对青年工作的内容与方向进行了调整，使青年

① 《新解放区中小城市的知识青年工作如何进行》，1946 年 1 月，档号：G003-01-0027-002，山东省档案馆。

② 《新解放区中小城市的知识青年工作如何进行》，1946 年 1 月，档号：G003-01-0027-002，山东省档案馆。

动员的态势发生了新的变化。

解放战争时期，中国共产党进一步明确了青年知识分子的阶级属性，对青年知识分子主张实行"团结、教育、任用"的政策。抗战结束不久，中共中央山东分局便发出指示，提出动员知识青年工作成为目前青年的首要工作。① 中国共产党清晰地认识到青年知识分子是政权建设和干部队伍建设的重要力量，对青年知识分子加紧动员是适应新形势下革命工作需要的。1948 年，中共中央在《关于新区宣传工作与争取青年知识分子的指示》中提出："争取知识青年不仅可培养一批干部，且可打通与当地群众的联系。"② 基于此种认识，中国共产党在动员青年知识分子问题上强调最重要的是启发其政治觉悟，转变其思想倾向。因此，对已经决心参加革命工作的青年知识分子，共产党主张大规模兴办训练班，逐批对知识青年开展短期的政治教育，并面向青年知识分子宣传剿匪安民、安定社会秩序、建立民主政权、保护人民利益等政策主张，以便争取大多数知识分子。训练结束后，知识青年被派往各种工作岗位，在实际工作中得到锻炼。关于青年知识分子中的教师群体，除

---

① 《中共中央山东分局关于进一步开展中小城市知识青年工作的指示》，载常连霆主编、中共山东省委党史研究室编：《山东党的革命历史文献选编（1920—1949）第 8 卷》，山东人民出版社，2015 年，第 602 页。

② 《关于新区宣传工作与争取青年知识分子的指示》，载共青团中央青运史研究室、中央档案馆编：《中共中央青年运动文件选编（1921 年 7 月—1949 年 9 月）》，中国青年出版社，1988 年，第 682 页。

极端反动分子外，共产党主张"全部争取其继续教书，因误会而逃走的亦应争取回来"，组织他们参观解放区的建设成就，做好招待和引导。① 同年，山东解放区也正式提出城市青年工作"要以知识青年为主"，继而要求各地首先做好三件工作："第一，举办一短期青年政治学校，争取大批青年参加革命工作；第二，出版一综合性的青年刊物及青年丛书，不但包括时事政策与理论的东西，且应有历史、文学、艺术与自然科学等；第三，成立一综合性的剧团，开展城市文化艺术活动"。② 中国共产党通过开展此类活动加强了对青年知识分子的时事政策教育，并在动员的组织形式与活动方式上尽量多样化，在青年中营造浓厚且活跃的文化氛围，吸引知识青年参与。此外，中国共产党主张进步分子的组织工作成为知识青年领导的核心，如在各地中等以上学校建立学生会，成为领导学生活动的统一组织。

解放战争时期，中国共产党重视对青年学生运动的支持和声援，在运动中实现对青年学生的团结和争取。相较于早期学生运动，这一时期党领导下的青年学生反美反蒋运动逐步扩大与公开，学生运动与前线战斗相配合，逐渐形成了解放战争的

① 中共中央文献研究室中央档案馆编：《建党以来重要文献选编·第25册》，中央文献出版社，2011年，第348页。
② 《关于青年工作的意见》，载共青团山东省委、山东省档案馆合编：《山东青年运动档案史料选编·第2辑（1938—1949）》，第260-261页。

"第二条战线"。为充分调动青年学生"反饥饿、反内战、反迫害"的运动热情，使国民党在政治上和阶级力量上日益孤立，共产党广泛动员解放区青年支持与声援学生运动，要求各解放区公开响应学生的反美反蒋运动，在解放区、大城市中学生、工人集中的地方"均应公开响应并可召集会议，报告美帝扶日侵华政策的具体内容及各种事实和蒋区学生运动状况，并发表宣言、决议等"①，广泛进行声援和响应，再利用学生运动的成果去扩大爱国主义宣传，帮助青年建立积极分子组织。同时，计划地动员在校学生到解放区来参加工作，要将学生"想出各种安全的办法送来解放区"，② 并号召学生利用假期时间分散下乡接近农民、组织群众，因地制宜地进行反蒋斗争的政治宣传。

在解放区农村地区，中国共产党主张不能孤立地发动青年，而是要结合土改、支前等中心工作将青年动员起来，并发挥家庭因素对青年的作用。中共中央在有关青年工作的文件中写道："在土地改革中，需要发动青年参加斗争，在斗争中把他们组织起来，那就会增加斗争的力量与作用。如果在土地改

---

① 《中共中央关于各解放区应公开响应蒋管区学生反美反蒋运动的指示》，载中共浙江省委党史研究室、中共杭州市委党史研究室编：《解放战争时期第二条战线·学生运动卷·下》，中共党史出版社，1997年，第7页。

② 共青团中央青运史工作指导委员会等编：《中国青年运动历史资料·第18集》，中国青年出版社，2002年，第194页。

革中忽视或不去普遍发动青年参加斗争，这是土地改革运动的损失，亦是整个农民的损失。"① 山东分局同样明确指出 "要在发动农民中同时发动起青年来"，利用土改工作对青年农民进行阶级教育，使广大青年在农民运动中受到实际的教育和锻炼，动员其参加反霸、减租减息的斗争。为全面组织人力保障前线战事需要，山东解放区还号召广大青年行动起来，并强调 "在进行发动青年中同时又须进行其家庭工作"②。在动员参军过程中，山东分局还注重消除青壮年家庭的后顾之忧，在解决好青年参加部队家里的地怎么种、老人谁照顾等问题后，再号召青年应征入伍，如此便能取得更好的动参效果。

解放战争时期，山东地区青年动员工作的又一突出变化是十分重视青年干部素质的提高。青年干部是一方青年运动的带头人，青年干部的素质对于动员青年的实效至关重要。1946 年初，黎玉在谈到青年工作时重点强调了青年干部的问题，要求青年工作者必须看到广大青年的迫切需要，帮助他们组织起

---

① 共青团中央青运史工作指导委员会等编：《中国青年运动历史资料·17（1947.1—1948.2）》，中国青年出版社，2002 年，第 368 页。
② 《省青联关于新解放区农村青年工作的指示》，载共青团山东省委、山东省档案馆合编：《山东青年运动档案史料选编·第 2 辑（1938—1949）》，第 206-207 页。

来。① 由于中国共产党新收复和接管的解放区迅速增加，在没有青年组织的地方，需要大量的青年干部到各地开展工作。笔者发现，在山东地区关于青年工作的文件中，大部分都会有专门一小节提到青年干部问题。山东解放区在干部的选择上尤为注意个人成分和品性，要求各地选出青年干部"一定要正派正经"，在开辟新区青年工作时力求做出成绩，并能够介绍经验，在青年中带头做表率。② 中国共产党一方面从干部配备上入手，在各地开办训练班，大批训练青年干部，在每个区、村都要配备核心干部。在老解放区"抽调一批农村青年干部及模范会员，到新解放区农村帮助青年翻身"。③ 另一方面，从干部思想上入手，帮助青年干部解决具体问题，克服在青年工作中的孤立主义和取消主义思想。

除此之外，为加强对青年工作的领导，中国共产党还将青年团的重建工作提上日程。解放战争时期，青救会式的组织与活动已经不能满足动员青年的需要。为了在新形势下有组织地

---

① 黎玉：《论群众路线与山东群众运动》，载共青团中央青运史工作指导委员会、中国青少年研究中心、中央档案馆资料利用部编：《中国青年运动历史资料·第16集（1942—1946）》，中国青年出版社，2002年，第332页。

② 《关于新解放区农村青年工作的初步研究》，1946年3月，档号：G003-01-0027-003，山东省档案馆。

③ 《省青联关于新解放区农村青年工作的指示》，载共青团山东省委、山东省档案馆合编：《山东青年运动档案史料选编·第2辑（1938—1949）》，第206页。

发挥广大青年在各条战线上的积极性，并满足大批先进青年要求组织起来的愿望，培养后备力量，中国共产党决定重建青年团。强调新建立的青年团应"比过去共产青年团更群众化、青年化，政治上接受党的领导"①。青年团员成分以工农劳动青年和革命知识青年为主，对团的定位是解放区党政军民工作的忠实助手，负责努力创造适合环境特点与青年兴趣的各种方式方法，在党号召的各项运动事业中发挥青年的积极作用。② 至1946年底，山东解放区开始了试验建团的工作，在建团的过程中以党的政策系统地教育青年，在自觉的基础上引导青年向中国共产党靠拢，积极参加解放区政治工作。

由于形势的变化，解放战争时期，中国共产党进一步认识到吸收进步青年以壮大党和部队关系到革命去向问题。为了对青年开展有效的引导与动员，这一时期党的青年工作方针在革命实践中不断调整和完善，并逐步健全领导青年工作的组织机制。

三、青年动员组织体系的承袭与健全

解放战争时期，山东地区从上到下较为完整地承袭了抗战

---

① 冯文彬：《新民主主义青年团是什么》，载中央团校青年团工作教研室编印：《中国青年运动历史文件选编》，1979年，第103页。

② 《中共中央关于建立民主青年团的提议》，载中共中央文献研究室中央档案馆编：《建党以来重要文献选编（1921—1949）·第23册》，中央文献出版社，2011年，第530页。

时期的青年工作组织机构，并在原有基础上进行了健全与完善，同时还保存了一支多达数千人的青年干部队伍，为青年动员工作的层层有效开展提供了组织保障。

中国共产党各级党委组建之后便设立了青年部或青年工作委员会。早在1937年7月，中共山东省委就设立、专职领导青年工作的青年部，各地特委、区委、地委及县委相继设立青年部或青委，分区委和支部设青年委员。1938年，中共中央成立青年工作委员会（简称"中央青委"），派遣专职青年干部到达山东帮助其开展工作。1941年，为了加强对青年活动的领导，中共山东分局决定层层建立健全各级党委青委会，大胆地大量培养和提拔青年干部，创办泽东青年干部学校山东分校和《中国青年》杂志山东版。① 10月，山东分局青委成立，分局青委会由朱瑞、黎玉、萧华、刘居英、钟效培等7人组成，"7个委员中有4个是党和军队的主要领导成员，朱瑞、黎玉、萧华经常给青年干部讲话、写文章，这在全国各个解放区中是少有的。"②

1945年7月以后，按照中共中央指示，山东分局决定在全省各地广泛开展民主运动，改造县级行政区的参议会和民主政

① 《中共中央山东分局关于加强党对青年工作领导的决定》，载常连霆主编、中共山东省委党史研究室编：《山东党的革命历史文献选编（1920—1949）第4卷》，山东人民出版社，2015年，第437页。
② 共青团山东省委研究室主编：《山东青运史资料·第4辑·山东青运老同志座谈会专辑》，1984年，第12页。

56

府，改造乡村政权。8月13日，山东省政府正式成立，成为全国第一个中国共产党领导的省政府，承担起抗战期间的山东省战时行动委员会的主要工作，领导全省各方面工作的开展。[1]经过十多年艰苦抗战，山东解放区的党组织有了较大的发展，形成了从山东分局、地委、县委、区委到乡村党支部自上而下的统一系统。根据战后中共中央"向北发展，向南防御"的全国战略方针，在战后对山东重新进行战略部署，将山东主力部队和大部分干部调往东北，而新四军主力北移山东。9月，中共中央决定成立中共华东中央局统一领导山东、华中两大解放区的党政军工作。山东分局与华中局一起组成华东局，原山东分局撤销。[2] 解放战争期间，华东局领导山东省和华中地区的全盘工作，华东局下设青委，接受中共中央青委的工作指示，因此山东分局青委暂时撤销。华东局青委下山东解放区各区委、地委、市委分设青委，集中于华东局青委的领导，组织开展各地的青年工作。随着革命形势的发展和解放战争的推进，从1949年3月下旬起，中共华东中央局、华东军区和第三野战军指挥部等机关人员分期分批地离开山东南下。为不使山东解放区的工作受到影响，华东局南下之前，中共中央重新建立

---

① 常连霆主编、中共山东省委党史研究室编：《中共山东编年史·第5卷》，山东人民出版社，2015年，第365页。

② 常连霆主编、中共山东省委党史研究室编：《中共山东编年史·第5卷》，山东人民出版社，2015年，第278页。

山东分局，分局下设青委负责全省的青年工作，在组织上仍受中央青委及华东局青委的领导。

解放战争时期，除了党内专门的青年工作领导机构外，中国共产党领导下的山东省民主青年联合会（简称青联）发挥了重要作用。山东省民主青年联合会的前身是在 1940 年山东省第一届青年代表大会上成立的山东省青年抗日救国联合会，统一领导各地青救会的青年动员活动。各地青救会在抗战期间组织动员积极抗日救国的各阶层青年，在山东抗日民主根据地内，从省到各行政区专区、县、区以至乡、村，许多地方都有青救会的组织。抗日战争胜利后，青年抗日救国的任务已经完成，"山东省青年抗日救国联合会"便于 1946 年更名为"山东省民主青年联合会"，以适应新形势下青年工作转变的需要，但其工作内容和团结领导全省青年的宗旨未曾改变。

在组织层面，山东省青联在各个地区成立办事处或分会，已有青联的地区以青联的名义工作，在未成立青联的地区成立青联办事处介绍青联团体的工作，改变了抗战时期"山东省青年救国联合会——行政区青救总会——专员区青年救国分会——县青年救国会——区青年救国会——乡青年救国会——村青年组"的体系，各级青联领导地方青年工作，乡村一级还保留青救会组织。村由青救会员直接选出 3 至 7 人组成村青救委员会，定期召开会员大会，除改选村会委员会外，推选区代表大会之代表；区以上之各级代表大会为各级青联之最高权力机关，听取各级执委会工作报告，定期向上级青联作汇报；专署区设办事处性质的青联分会，人选由上级青联指派。①

自省一级至县一级青联设下列各工作部门：

1. 组织部——负责指导组织之发展统计，干部之审管调配，会费之收管；

2. 宣传教育部——负责对外之宣传与对内之会员、干部教育；

3. 军事体育部——负责组织领导各种军事体育学习与活动；

4. 社会服务部——负责举办各种社会公益事业，掌管参与新民主主义社会之各种建设活动；

5. 少年儿童工作部——调查研究少年儿童问题、指导少年儿童工作。②

由区到村的组织工作由副主任或正主任负责，实行委员制，一般设下列各委员：

1. 学习委员——领导青年之各种学习活动；

2. 生产卫生委员——领导青年之各种生产和卫生活动；

---

① 常连霆主编，中共山东省委党史研究室、山东省中共党史学会编：《山东党史资料文库·第21卷》，山东人民出版社，2015年，第151页。

② 《山东省青年抗日救国联合会组织章程》，载常连霆主编，中共山东省委党史研究室、山东省中共党史学会编：《山东党史资料文库·第21卷》，山东人民出版社，2015年，第153页。

3. 军事体育委员——领导青年之军事体育等活动；

4. 文化娱乐委员——领导青年之各种娱乐活动；

5. 少年儿童委员——领导儿童工作。①

抗战时期，青救会在山东抗日根据地层层建立，尤其在农村最为普遍，山东各地的青救会为团结青年共同抗日作出了历史性的贡献。但在抗战后期，山东抗日根据地进行精兵简政，强化一元化领导，缩减甚至取消了某些地方青年工作的领导机构，不少地区虽然上下都有青救会的组织，但不少已经没有什么实质活动内容了，"只剩下软弱无力的空架子"②。青救会是广泛性的青年组织，其中青年成分参差不齐，由于缺乏严格的组织生活和对成员的严格要求，有的青救会组织出现了比较涣散的情况。③ 而解放战争时期，许多青年积极分子在群众运动和阶级斗争中得到锻炼，政治觉悟提高，而青救会的消沉不利于有效地将青年运动起来。因此，山东解放区青年工作干部最先向中共中央反映情况，提议建团。

除战前延续下来的青年工作组织机构外，在解放战争期间

---

① 《山东省青年抗日救国联合会组织章程》，常连霆主编、中共山东省委党史研究室、山东省中共党史学会编：《山东党史资料文库·第21卷》，济南：山东人民出版社，2015年，第153页。

② 杜前：《关于目前村青救会的几个问题》，常连霆主编、中共山东省委党史研究室、山东省中共党史学会编：《山东党史资料文库·第12卷》，济南：山东人民出版社，2015年，第471页。

③ 共青团中央青运史研究室编：《中国青年运动史》，北京：中国青年出版社，1984年，第210页。

重建的新民主主义青年团是山东解放区专职青年工作的又一重要组织，新青团的普遍建立使这一时期山东青年动员的组织体系更加完善。

1946 年初，山东省青联派代表杜前、马仪、李诚等人到延安，向中共中央青委汇报了山东青年工作的情况，提议建立领导和团结青年的有力组织。任弼时等中央领导在听取各地的情况汇报后，认为应当把青年积极分子组织起来，建立青年团。10 月，中共中央发布《关于建立民主青年团的提议》，提议应建立一个"比过去共产青年团更群众化、青年化"的青年组织，并将其名称拟定为"民主青年团或新民主主义青年团"。①在青年团成立后，各地现有的青联会转化为各种青年团体的联合大会性质，仍然作为青年的代表机关。根据中共中央的建议，中共华东中央局派干部和山东省青联一起，于 1946 年 12 月在莒南县金沟官庄村进行试验建团。次年 1 月，中共华东中央局召开青年工作会议介绍了金沟官庄的建团经验，并据此拟订了《山东新民主主义青年团团章草案》，规定青年团以"团结先进青年，积极参加各种民主斗争，为广大青年服务，学习

① 《关于建立民主青年团的提议》，载中国延安精神研究会编：《中共中央在延安十三年资料·2·重要资料选辑·下（1945.10—1948.4）》，北京：中央文献出版社，2017 年，第 241 页。

毛泽东思想，为建设新民主主义社会而奋斗到底"为宗旨。①
在莒南县金沟官庄建团经验的基础上，山东解放区决定扩大试
建范围，确定每个区委选择一个县，在全县范围试验建团。滨
海区选择莒南县、鲁中区选择沂南县、渤海区选择利津县、胶
东区选择海阳县、鲁南区选择平邑县进行试验建团，在山东大
学和几所中学中也进行了试建工作。不到一年，这几个县发展
团员达五万名。只是由于没有建立起省和地区级的青年团领导
机构，建立起来的团组织多数处于分散状态。华东局发现了这
个问题，乃于1948年11月决定建立华东局青年运动委员会，
直接领导山东的青年工作。

　　1949年1月，中共中央正式决定在全国普遍建立新民主主
义青年团组织，首先从城市、工厂、学校、部队及人口较集
中、党工作基础较好的村镇开始，然后再普及发展。此后，团
的山东地方组织迅速发展，新民主主义青年团山东省工作委员
会（简称团省工委）也在济南建立，负责贯彻团中央的路线方
针。各大行政区、专区、县、分区先后成立了以建团为首要任
务的团工委，还有的地区成立了青年团筹委会负责工作。"到
1949年底，山东全省建立了团的地市工委15个，县工委150
个，区委1397个，共配备专职干部4000多人。团省工委已配

---

① 《山东新民主主义青年团团章草案》，载常连霆主编，中共山东省委党
　史研究室、山东省中共党史学会编：《山东党史资料文库·第23卷》，
　山东人民出版社，2015年，第86页。

干部 160 人，包括：组织部、直属工委、宣传部、青工部、青农部、调研室、学生工作部、秘书处等九个部处室，还有省团校、青年报社、青年剧团等。各地发展青年团员的进展也很快，到 1949 年底已达 163159 名。"① 新建立的青年团与青救会并不抵触，在已有青救会的地区也能同时建立了青年团，已经没有青救会的老解放区不同时建立青年团和青救会。新青团在动员青年方面具有更强的组织和政治优势，新民主主义青年团的建立与巩固，为中国共产党在山东地区构建多方位的青年动员体系作了补充。

① 刘导生：《从容忆往 95 岁抒怀》，北京出版社，2008 年，第 153 页。

第三章

山东解放区的城市青年动员

随着山东新解放的城市日渐增多，解放区城市青年群体成为举足轻重的庞大革命队伍。解放战争时期，国内局势的变化和社会秩序的动荡深刻影响着城市青年的思想，他们对国共政争多持观望态度。部分城市未解放之前，中国共产党在其中的工作基础相对薄弱，因此，新解放的城市青年对中国共产党缺乏足够的了解。而对中国共产党来讲，争取与动员城市青年，改造其思想，是接管城市和稳固城市政权的必然要求，加之城市青年的思想特点、生存环境及文化水平等均有其特殊性。鉴于此，中国共产党在抗战胜利后便将青年工作的重点逐步转向城市，并在开展城市青年动员过程中运用了区别于农村的工作方法，形成了城市青年动员的大致方向和工作内容。

一、关于"城市青年"的内涵及界定

社会学通常将传统的农业社区及工业革命兴起后出现的城市社区视为两种主要的社区。① 城市社区的政治、经济、文化环境与农村社区不同，对青年的影响也不同，所以城市青年具有自身的一些特点，例如接受新事物快，能迅速地吸收新的思想，社会参与意识强，拥有较强的独立性和斗争性。② 城市和近代工业的发展为城市青年群体的壮大和青年参与城市活动创造了条件。

在抗战前的一份中共中央关于青年运动的决议案中，中国共产党将青年运动划分为青年工人运动、学生运动、农民青年运动和青年妇女运动几个类别分别阐述。③ 由于工厂和学校大多集中于城市，青年学生和青年工人被认为是城市青年的重要构成。任弼时在《上海五卅惨杀及中国青年的责任》中就曾提到"学生多为四乡集中于城市的"④。而普通市民青年或农村

① 费穗宇等：《青年社会学》，山东人民出版社，1987 年，第 75 页。
② 钱永祥主编：《城市共青团支部工作指南》，中国青年出版社，1997 年，第 49 页。
③ 中国新民主主义青年团中央委员会办公厅编辑：《中国青年运动历史资料（1925—1927）》，中国新民主主义青年团中央委员会办公厅，1957 年，第 301 页。
④ 任弼时：《上海五卅惨杀及中国青年的责任》，载中共中央文献研究室中央档案馆编：《建党以来重要文献选编（1921—1949）·第 2 册》，中国文献出版社，2011 年，第 401 页。

青年为了改善生活、提高收入，也纷纷到城市找工作，成为青年工人群体。1929年，《山东目前经济政治与青年状况》这一报告也把青年群体划分为青年工人、青年农民和青年学生，将青年学生和青年工人作为城市青年的主体。抗战全面爆发后，在主要城市天津、上海、广州、武汉等地相继失守的情况下，"由于这些区域中的青年工人和学生较全国各地更集中，更多数"①，我们党便把青年工人和青年学生作为敌占大城市青年工作的主要对象。抗战结束后越来越多的城市相继解放，城市青年群体日益壮大，党对城市青年做出更为明确的界定。中共中央在《青年运动的方针策略及组织问题》这一文件中进一步指出，城市青年运动的主要对象是"学生（大中小学）及教授教员（特别是中小学），其次是职业青年，再次是职业工人"②。

二、青年动员的重点转向城市

中国共产党自成立之日起便将劳苦工人作为革命的主力军，青年学生运动更历来为共产党重视。因此，青年团成立

---

① 共青团中央青运史工作指导委员会等编：《中国青年运动历史资料·15集（1940.6—1941）》，中国青年出版社，2002年，第550页。
② 《青年运动的方针策略及组织问题》，载共青团中央青运史工作指导委员会、中国青少年研究中心、中央档案馆资料利用部编：《中国青年运动历史资料·第16集（1942—1946）》，中国青年出版社，2002年，第408页。

后，中国共产党首先在城市建立起团组织，发展团关系，在城市青年工人和学生中扩大影响。大革命失败后，中国共产党将工作重心转移到农村，但这并不意味着放弃了对城市工作的探索。正如毛泽东曾讲道："革命的最后目的，是夺取作为敌人主要根据地的城市，没有充分的城市工作，就不能达此目的。"[①] 在青年工作方面，中国共产党动员青年工人、学生与农村青年积极联系，以"建立城市青年对农村青年的领导作用"。[②]

抗战初期，中国共产党的青年动员工作以城市青年学生为主体，发动青年学生投身于反帝爱国运动，参与抗日救亡活动。在全国各大城市相继失陷的情势下，中国共产党要求青年工作"要从城市的学生运动转变到广大的农村中去"，组织动员城市青年学生回乡工作，将城市知识青年引入军队与农村中，和工农士兵群众密切结合起来。[③] 抗战初期，山东仍以城市青年知识分子作为青年运动的主体，广大工农青年还没有广泛组织起来。山东沦陷后，在城市失守情况下，山东的青年工

---

① 毛泽东：《中国革命和中国共产党》，载《毛泽东选集》（第2卷），人民出版社，1991年，第636页。

② 《政治决议案——青年运动的形势与团的任务》，载中国新民主主义青年团中央委员会办公厅编：《中国青年运动历史资料（1929年7月—12月》，1958年，第199页。

③ 《中国青年运动现状及任务简要大纲》，载共青团中央青运史工作指导委员会等编：《中国青年运动历史资料·14（1938-1940）》，中国青年出版社，2002年，第366-367页。

作才真正由城市深入到农村，青年运动由此扩展到根据地乡村。

早在 1944 年 6 月 5 日党的六届七中全会第一次会议上，就开始讨论把夺取大城市作为一个战略任务的问题，毛泽东为此起草了《中央关于城市工作的指示》。抗战胜利前夕，在党的七大上，围绕彻底打败日本侵略者和建立新中国的总任务，毛泽东明确地主张"城市工作要提到与根据地工作同等重要的地位"，他认为："这不是口头上讲讲的，而是要实际上去做的，要派干部，要转变思想"。① 青年工作亦是如此。因此，内战爆发后，随着各中小城市的相继解放，山东分局根据形势变化旋即指出："形势发展，中小城市解放，知识青年工作成为目前青年的首要工作。基本方针为争取广大知识青年，改造思想，培养大批活动分子。"意即进一步开展知识青年工作，争取城市中广大知识青年。因此，山东分局指示各地：

1. 各青联应即派专门干部到所属城市成立青联办事处，并组织青年服务团，随军进行工作。

2. 各青联应协同教育部门开办各种短期训练班，从中物色积极分子。对于大多数的伪属青年以至特务，应从民族立场上启发坦白，加以改造，实行宽大政策，以开展城市的知识青年

---

① 中共中央文献研究室编：《在中国共产党第七次全国代表大会上的口头政治报告》，中央文献出版社，1995 年，第 137 页。

工作。合办公办，以各地具体情况决定。

3. 在恢复社会秩序后，青联应配合教育部门迅速恢复学校，建立学生会。

4. 为应急需，可从现有学校中（如胶东公学）抽调一批学生派赴城市进行工作。

5. 胶东青联应即出青年刊物，渤海青联应考虑，其他地区可作准备。①

1946 年 5 月，内战即将打响前，中共中央指示华东局，要求今后青年工作的重点应当放在城市。在城市青年中，中国共产党尤其重视对青年知识分子的争取，用宣传教育提高其政治觉悟，派往实际的工作岗位，使其成为党的干部队伍的有生力量。中共中央《关于新区宣传工作与争取青年知识分子的指示》批注道："争取和改造知识分子是我党重大的任务"②，在面向新解放城市青年知识分子的工作中，做好宣传工作是重中之重，并以共产党的战绩、剿匪安民、保护人民利益等为主要内容。对已有知识的青年施以短期政治教育，举办训练班，训

---

① 《中共中央山东分局关于进一步开展中小城市知识青年工作的指示》，载常连霆主编、中共山东省委党史研究室编：《山东党的革命历史文献选编（1920—1949）·第 8 卷》，山东人民出版社，2015 年，第 602 页。

② 《中央关于新区宣传工作与争取青年知识分子的指示》，载共青团中央青运史研究室、中央档案馆编：《中共中央青年运动文件选编（1921 年 7 月—1949 年 9 月）》，中国青年出版社，1988 年，第 682 页。

练后派往工作岗位。1948 年，山东分局制定了青年工作方案，向华东局提出几点建议，同样要求城市青年工作应以知识青年为主，"其任务为加强时事政策教育，组织形式与活动方式应多样化，并应及时建立进步分子的组织，成为领导的核心。中等以上学校应及时筹备学生会的组织，成为领导全体学生活动的统一组织。"① 青年知识分子有一定的文化水平，接受新鲜事物较快，经过训练教育后进步快。此后，山东解放区决定大范围地开展城市活动，举办面向青年知识分子的政治学校，在学校筹备建立学生会，争取大批青年知识分子参加革命。

　　青年工作重点转向城市还体现在新青团的建立上，新民主主义青年团在解放战争前期组织试建时，其工作重心也是城市。1946 年《中共中央关于建立民主青年团的提议》指出："在解放区亦应视各种环境分别研究组织方法，着重在城市学校与人口较集中的村镇中求得发展，首先在较巩固的中心区做起，取得经验去逐步推广。"华东局要求"在城市学校学生、小学教师等知识青年中建立团的组织"，在恢复与整理团组织

---

① 《关于青年工作的意见》，载常连霆主编，中共山东省委党史研究室、山东省中共党史学会编：《山东党史资料文库·第 25 卷》，山东人民出版社，2015 年，第 273 页。

初期在城市中试建团，"农村暂不发展团"。①

三、以青年学生为主体的动员实践

相较于其他群体，学生有其独特的动员优势，往往能够担任社会运动的先锋。青年学生积极活跃，易于接受革命思想且具有较强的社会责任感。学生分布聚集，又是同质性较高的群体，他们没有太多的家庭牵绊，年龄、经历和知识结构相近，更易被动员。抗战胜利后，山东解放区迅速开办了 26 所普通中学和师范学校，在原有的一些学校增设中学班，共吸收了青年学生万余人，大部分是新解放城市的中学生，由当地青联派干部进驻学校担任领导。② 解放战争时期，山东解放区的青年工作显现了城市转向，尤以城市青年知识分子为重，而学生是城市青年知识分子群体的主要组成，因此，山东解放区的城市青年动员工作以学生为主体蓬勃开展了起来。

（一）城市学生的思想与学习状况

城市青年的思想情况与解放区农村青年的思想是完全不同

---

① 《华东局关于建立新民主主义青年团的指示》，载共青团中央青运史工作指导委员会等编：《中国青年运动历史资料·17（1947.1—1948.2）》，中国青年出版社，2002 年，第 162 页；《关于青年工作的意见》，常连霆主编、中共山东省委党史研究室、山东省中共党史学会编：《山东党史资料文库·第 25 卷》，山东人民出版社，2015 年，第 273 页。

② 李宾编：《青春似火·山东青年革命运动史话》，中共党史出版社，2005 年，第 133 页。

的。由于多年战乱和政局变动的影响，有的青年学生对国共实力认识不清，存在"变天"思想，怕国民党某一天会卷土重来，不敢大胆投身解放区的各种活动，这是影响共产党青年动员工作的重要问题。共产党的部队在进攻济南时，常有学生发出疑虑："济南为什么还不打？""济南为什么还没打下来？"①对共产党胜利缺乏信心。有学生在报纸上看见美国给蒋介石援助制造内战，便认为还是国民党力量大，又开始担惊受怕。因此，城市学生中持观望态度的很多，他们一方面不满于对国民党的统治，另一方面又害怕共产党会失败，国民党东山再起找他们算旧账。青年干部在接触学生时，有学生不停追问："什么样的算地主？为什么新区不实行土改？什么时候实行？""国民党代表地主利益，共产党代表农民利益，我看都不好，我需要一个既代表地主又代表农民的政党。"②他们对解放区的情况不了解，对共产党的政策表现出不信任。有的青年学生受所谓"正统"观念的影响比农民要深，他们当中地主和资产阶级子弟占有较大比重，对国民党的教育一时未能摆脱。

城市青年学生入学的动机也比较复杂。有的学生单纯为求

---

① 《潍坊青年工作的综合报告》，1949 年 1 月，档号：G003 - 01 - 0172 - 001，山东省档案馆。
② 《潍坊青年工作的综合报告》，1949 年 1 月，档号：G003 - 01 - 0172 - 001，山东省档案馆。

知而读书，而有的学生"怕参军所以来入学"①，还有的农村青年怕脱离生产当干部、怕离开家庭，因此选择到附近的城镇念书。而烈军属、工农子弟与贫苦的小学教员多是为参加革命而学习。另外在生活上，城市学生的最低生活需要常常得不到满足，多数学生还对毕业感到迷茫，"毕业即失业"成为学生常挂在口头的流行语。

正是在这样的环境下，中国共产党以其丰富的政治经验和宣传策略将最富革命热情和社会责任感的青年学生逐步动员起来，意在消除学生对共产党的陌生和误解，吸引他们能够真正参与解放区的各项工作。

（二）面向学生的典型动员方式

中国共产党在着力改善学生生活学习环境的同时，采用了符合其心理特点与文化水平的多种动员方式。以下笔者选取了在各地采用较多的几种典型方式。

为在打消学生的思想顾虑、形成统一认识，解放区各级党组织派遣干部分散进入各地学校开展学生的思想工作，对学生进行时事政策教育。工作基础相对薄弱的地区，大规模的集体性活动难以组织，往往采用个别接触的方式，例如成立学运工

---

① 《各种青年思想状况及要求简述》，1949 年 4 月 19 日，档号：G003-01-0110-006，山东省档案馆。

作组，按小组分头行动到各学校了解师生情况，在校内与学生漫谈。① 还有的青年工作者进入学校后，在校园中寻找与培养积极分子，再通过积极分子扩大动员。而大多数地区则采用集体座谈会的形式，动员学生参会。座谈会上，党组织会指派有经验的干部参加，进行时局和政策讲解，鼓励学生发散思想踊跃提问，进行充分的民主讨论。由于思想顾虑依然存在，有的学生在座谈会上不敢发言。为应对此种情况出现，前期由青年干部对学生的疑惑做了解，并在会前将解答方案准备好。以下是德州中学干部在座谈会前准备解答的问题："共产主义与三民主义有何不同？共产党是实行的什么主义？为什么斗争富的呢？斗争意义何在？国民党是否还要来攻？国共二党皆是中国人为什么不能合作呢？苏、美对我们的态度为如何？日寇投降的国民党还是共产党呢？学校今后如何改善？救济的粮米菜金是否还发？毕业后的职业是个人找还是国家给找？"② 青年干部主要向学生进行中国共产党路线、方针和政策的讲解，指出共产党与国民党统治的区别，同时还解答了学生最关心的生活与就业问题，使学生感受到共产党好，跟着共产党有光明前途。

---

① 《德州市青年工作总结报告》，1946 年 8 月，档号：G026－01－0202－005，山东省档案馆。

② 《德州市青年工作总结报告》，1946 年 8 月，档号：G026－01－0202－005，山东省档案馆。

　　根据中共中央和华东局的指示精神，一些地区通过开办青年训练班来动员青年积极分子。例如胶东青联、青救会着手开办训练班，认为"在新的形势下，一部分青年要求出来，一部分贫苦知识分子正苦闷于没有出路，青年训练班正是培养他们的场所"，并规定了青年训练班的方针和原则。为防止个别地区动员有困难，如特务造谣、学生对共产党不了解等情况出现，胶东青联特向各地青联发出要求：在不妨碍工作的原则下，尽量动员一部分知识分子来培训班受训，以培养成为将来的骨干；有困难动员不来的，在动员上不必勉强，更忌欺骗，动员几个就算几个；决不能忽视训练的意义，即便不来，各地亦要自行训练，形式可研究确定，但在目前时间不要过长。①

　　济南和青岛解放后，两地青联在举办座谈会时别出心裁，邀请解放区的作家、画家、歌唱家出席，与青年互动交谈，要求座谈会的工作人员要诚恳招待，干部要保持态度和善自然。干部要为学生讲解时事，文艺工作者应学生要求展示才艺，如演唱外语歌曲、表演口技等。会后学生不禁感叹："真没有想到共产党里有这么些能人，'土八路'不土啊！"② 学生在座谈会中通过与共产党的干部和解放区工作者的接触，逐渐消除了

---

① 《关于开办青年训练班的补充通知》，1946 年，档号：G003-01-0028-004，山东省档案馆。
② 共青团山东省委研究室青运史组编：《山东省青年革命运动简史》，1994 年，第 159 页。

对共产党道听途说的偏见。

在校内的学生动员中，学生会起了不小的作用。学生会不仅是学生参与校务和保障学生自身利益的团体，而且它更加关注政治上的根本改造。[1] 1946 年，中共山东分局要求各地区"在恢复社会秩序后，青联应配合教育部门迅速恢复学校，建立学生会。"[2] 此后，解放区学生会组织如雨后春笋般地建立起来了。党组织首先成立学生会筹备委员会，与学校当局举行联席会做计划，规定学生会的性质和任务，并对学生进行民主教育和选举。学生会关注学生的切身问题，一般会选拔有威信的进步学生作为成员，代表学生反映他们建议与要求，领导学生集体活动。学生会成立后学生便反映："过去都是依靠老师，这次才知道自己也能领导活动。"[3] 在学生会的组织下，学生的主动性和积极性均有提高。学生会常常排演剧目，组织晚会和时局宣传活动，在自主活动中把学生带动起来。在学生会的动员下，很多学生的思想观念和行为倾向逐渐变化，由过去害怕组织学生活动到支持学生会成立，积极参选，认为当选是光

---

[1] 黄金凤：《从学生运动到工农运动——中共早期动员策略再探讨》，《党史研究与教学》，2018 年第 5 期。

[2] 《分局关于新解放城市知识青年工作的指示》，1946 年，档号：G003-01-0027-010，山东省档案馆。

[3] 《半年来青年工作总结》，1946 年 4 月 25 日，档号：G003-01-0032-016，山东省档案馆。

荣的。① 学生会对学校行政计划的完成以及动员学生参加社会
服务、生产劳动、文体活动等都有贡献，作为一个学生组织，
其在革命时期的作用主要体现在对学生主体意识的启发和引
导，在此基础上实现对青年的改造和动员。

为了避免教员课堂动员的单调且过度政治化，共产党组织
注重利用课外活动来营造气氛，吸引学生，拉近与学生的距
离。城市的学校纷纷组织剧团、篮球队、歌咏队，比如"店青
剧团""福银球队""青年歌咏队""青年美术组"，并动员学
生排演剧目，组织文艺活动，并通过戏剧、歌曲所展现的内容
使学生了解解放区的新生活。学生喜闻乐见的文体活动最受欢
迎，动员效果也最好。如济南解放后，解放区和部队的文工团
前去演出《三打祝家庄》《白毛女》等剧目，戏剧冲突的剧情
和演员精湛的演技使学生看得入迷；新安县组织在学生中演出
《黄河大合唱》，歌曲高昂的情绪调动了青年的热情；鲁中青联
兴办民众教育馆，馆内设有羽毛球、乒乓球场地，配备象棋、
乐器、杂志等供青年休闲娱乐。② 共产党利用富有趣味课外活
动吸引学生，使青年学生体察到共产党的政策是清朗开明的，
解放区的生活是焕然一新的。

---

① 《城市青年学生思想情况》，1947 年，档号：G003-01-0049-001，山东
省档案馆。
② 共青团山东省委研究室青运史组编：《山东省青年革命运动简史》，第
128、129、131、159 页。

除了组织课外文体活动，山东解放区还根据学生的学习与就业需求在课余时间面向青年学生开展文化补习。许多地方利用寒暑假举办补习学校，为学生免费补习文化课，还有面向学生开办的青年业余学校，设置文艺、会计、簿记、速记、英文和化工等班次，为学生提供实用课目的补习。德州地区利用30天暑期，针对初中与高小毕业生成立公民补习班，主要学习时事政治，每天两小时补习，为毕业生升学做准备。① 烟台解放半月后专门为学生举办"暑期讲坛"，请学者讲授青年修养、写作知识和卫生常识等。济南市青联则开设新知识书店、青年照相馆，为学生开办讲座。② 有的地区还利用民教馆和青年服务部，为失学青年提供上学或就业机会，组织失学青年成立学习小组或阅报组，开展群众性的教育。中国共产党针对青年学生开展文化补习，关注学生入学及就业问题，使学生思想上认同中国共产党的政策和主张，感受到中国共产党对文化教育事业的重视和对知识青年的关怀。

参与社会活动也是中国共产党动员青年学生，在实际锻炼中进行自我教育的一种方式。山东解放区组织学生参观老解放区和部队，动员学生到农村参加反奸诉苦会、清算会和生产劳

---

① 《德州市青年工作总结报告》，1946年8月，档号：G026-01-0202-005，山东省档案馆。
② 共青团山东省委研究室青运史组编：《山东省青年革命运动简史》，第127、159页。

动等。济南解放后，解放区利用这次时机组织专题报告会和时事座谈讨论，畅谈济南解放的意义以及商讨如何庆祝济南解放。潍坊组织学生与歌咏队、业余剧团联合举办提灯游行会，联合中学的全体教职员工集体参加扭秧歌，带领学生出墙报、制作标语旗子和灯笼，筹备祝捷活动。① 中国共产党发动学生参加济南祝捷活动，意在消除学生中存在的"变天"思想，防止行动上发生此倾向。

　　纪念日背后的意蕴作为一种资源，常被利用与于服务现实政治。在青年动员的过程中，中国共产党便利用与青年相关的节日开展大范围的纪念活动。"五四"纪念日是青年的节日，在学生中的影响很大，山东解放区每年都会举行"五四"纪念活动，或独立举行，或将"五一"与"五四"并在一起纪念。为了加强领导，有的地区专门成立领导机构负责组织，例如烟台的"五四"纪念委员会。在纪念活动之前首先统一对学生进行"五四"历史教育，使学生了解"五四"运动的历史，然后以学校为单位组织内容丰富的纪念活动。如滨海中学主要以竞赛方式开展纪念，由学生自己主持，有以互相观摩学习为主的成绩展览会、墙报比赛、演讲比赛及联欢晚会，比如动员学生在比拼中提高成绩，在举行演讲时则由代表启发学生勇敢发

---

① 《潍坊青年工作的综合报告》，1949 年 1 月，档号：G003-01-0172-001，山东省档案馆。

言，加呼启发性的口号动员激励。① 山东解放区 "一二·九"
纪念活动也较为隆重。各地往往在纪念活动开始前将运动的经
过和典型斗争形成宣传材料提前组织学习，并指定宣传周开展
广泛宣传。在活动期间组织学生讲演历史，扮秧歌，运用标语
等配合宣传，形成街头舆论。② 五四运动和一二·九运动中，
青年学生表现出的浓烈爱国主义和民主精神对广大青年极具教
育意义，中国共产党通过纪念活动进一步动员了青年学生继承
和发扬革命传统。

（三）中国共产党动员下青年学生的积极活动

经过中国共产党的动员活动，山东解放区的青年学生尤其
是新解放城市的学生思想转变很大。在国民党军队向山东解放
区大规模进攻之时，一部分学生在中国共产党动员下随学校撤
出城市，分散到农村地区参加各项革命工作。

在支前运动中，青年学生起到了带头作用，在运输公粮途
中激励士气，争推重物，在立功运动中开展竞赛，互相鼓励。
青年学生还在优待军属方面积极作为，为军工烈属担泥、挑
水、推磨、打扫院子等，接受帮助的军烈属家庭自愿买东西慰

---

① 《省立滨海中学纪念五四青年节工作总结报告》，1949 年，档号：
　G003-01-0152-006，山东省档案馆。
② 《牙前县 "一二·九" "一二·一六" 青年学生儿童运动工作总结》，
　1947 年 1 月 15 日，档号：G003-01-0047-013，山东省档案馆。

问他们，也反过来提高了学生支前和拥军优抗的积极性。① 在前线服务方面，学生大多参与的是对伤病员的护理工作，学校动员学生到医院为伤病员服务时，他们都能踊跃报名参加。潍坊联中选派人员到医院帮助护理时"报名学生即达 260 余名，占全校总人数的 60%"。学生李建勋说："今天解放军为了我们争自由、争民主而负了伤，我们不去照顾谁去照顾？"邢丽珠因为年龄小，担心学校不同意她报名，便在报名时谎报自己为 21 岁。在最终选定出服务人员后，联中落选的同学质问学校："你们不是时常说咱们要为人民服务，为什么不让咱去呢？"结果是学校重新采用民主讨论的方式，推举了 200 人参加临时医院工作。② 淮海战役的伤员到后方治疗时，济南 21 所学校近千名学生举行义卖义演活动，用活动所得为伤员购买书报、琴棋、信纸，并到医院为伤员服务。

为节省政府开支，同时解决自身生活及求学供给问题，城市青年学生响应共产党号召，积极开展了生产节约运动。渤海一中的学生拓展思路进行多样性生产，动员身边同学利用课外活动时间做工，或与学校工作相结合，代做学校的炊事员、校工等工作，公私两利。该校学生还经营起一个肥皂厂，请银行

---

① 《昆嵛县三个月青年工作总结》，1946 年 12 月 12 日，档号：G003-01-0031-005，山东省档案馆。
② 《潍坊青年工作的综合报告》，1949 年 1 月，档号：G003-01-0172-001，山东省档案馆。

和工商局投资，同学出劳动力，由化学教员在技术上进行指导，以解决自费同学的困难。[①] 除此之外，学生还积极帮助群众生产。如荣成县动员城市学生以村为单位帮助村民建立学习室，参与村民集体开荒，并进行生产互助。[②] 在生产中，学生帮助农民拓展副业，如编草帽和纺花，帮助儿童组建儿童合作社。

城市青年学生除参与学生活动外，还响应共产党的农村工作，到乡村中开展政治宣传。如一二·九运动纪念周时，农民因农忙无暇，城市学生便大批下乡从事宣传工作，形成"保田保家保饭碗，打垮顽军过好日子"的街头舆论。[③] 学生在农村一般停留二至三天，在群众中掀起保田教育高潮。下乡演剧、讲演、扭秧歌、街头画报均是普遍采用的宣传形式。学生们还在村中帮助村民出黑板报，在内容上以通俗易懂的语言更新国际国内时事消息，揭露蒋介石的卖国罪行，书写解放军必胜、蒋军必败等标语。

城市学生进行政治宣传的方式主要是组织慰问团或服务团，在城市青年中进行宣传动员。慰问团成员与新解放区青年

[①] 《一中师生加紧生产节约，学生生活全部自给》，《渤海日报》，1948年11月2日。

[②] 《荣成县一个月来青年生产工作汇报》，1946年6月7日，档号：G003-01-0032-013，山东省档案馆。

[③] 《牙前县"一二·九""一二·一六"青年学生儿童运动工作总结》，1947年1月15日，档号：G003-01-0047-013，山东省档案馆。

漫谈、交朋友，宣传中国共产党的政策，介绍老解放区青年在共产党的领导下自身的变化与感受，推动新解放区学校顺利开展学生工作。济南解放后不久，老解放区的青年学生为减轻济南学生的思想顾虑，自发组成赴济慰问团，动员济南的学生活跃起来。1948 年，潍坊组织了一支 52 人的慰问团赴济。学生们在出发前先进行时事政策学习，以更好地开展宣传工作。这支慰问团 1 个月内走访了齐大、二中、济师等 17 个学校。济师、女师等学校的学生起初怀疑慰问团是受中国共产党的贿赂来做宣传，或受过特殊训练，便经常追问："你们的费用是哪里出的？你们有什么待遇？"两地同学经过一段时间的接触攀谈后，部分济南学生才逐渐消除疑虑，敞开心扉，一中的同学对慰问团说："你们来了使我们摘了有色眼镜"①。青年服务团一般是由各学校表现较好的学生和招考一批散居农村的失学学生组成的。他们在大型学生活动中进行服务工作，负责招待与照顾学生代表的生活，还参与对国统区归来学生的招待与安置，并帮助其入学或就地谋职业。青年慰问团和服务团的活动对学生们的影响很大，参与慰问和服务的这批学生经过实际锻炼后表现积极，他们之中一部人发展为学生干部，对带动其他学生起到了很好的作用。

---

① 《潍坊青年工作的综合报告》，1949 年 1 月，档号：G003-01-0172-001，山东省档案馆。

由于新解放区不断增多，共产党迫切需要大量青年干部开展工作。因此，山东解放区相继兴办华东大学、华东军政大学、山东省团校以及专业学校、干部学校和训练班。潍县解放后便有将近 2000 青年报名入学。济南解放后，许多青年学生主动要求提前离校，3000 名专科以上学生请缨南下，随军开辟新区。① 学生们利用暑期参加解放区举办的夏令营或暑期劳动建设大队。如 1949 年暑假，青岛 600 余名学生、潍坊 500 名余学生参加夏令营，学习毛泽东的《论人民民主专政》及青年思想修养和建团文件等；济南 17 所中学 300 余名男女学生去淄博，到新华制药厂、神头电厂、新博煤矿参加劳动；华东大学等 4 所干校的 800 余名学生在济南南圩子门外清理渠道，参加抢险。② 不仅如此，城市青年学生还要求参加地方工作，回乡参与土改。如鲁中联合中学的学生到农村加入土改工作队；荣成杏华口区学生在"为中心工作服务"的口号下，在群众反特斗争中给予支持；龙山区学生会成员到村中组织佃户儿童进行查减教育，并做斗争地主的实验，以便帮助佃户在斗争大会中

① 李宾编：《青春似火·山东青年革命运动史话》，中共党史出版社，2005 年，第 162 页。
② 共青团山东省委研究室青运史组编：《山东省青年革命运动简史》，1994 年，第 161 页。

获得成功。① 城市学生利用自身掌握了一定文化知识的优势，提出去往农村担任"小先生"，他们"宁肯耽误自己学习时间，也要当小先生教育群众，接受实际锻炼。"② 在课余时间学生帮助村庄组建学习室，假期回家后帮助村民组织文艺活动。

在中国共产党的动员下，部分青年学生投笔从戎，报名参军。1946 年秋，由于战事迫近，滨北中学从城里迁出，全校300 多名男女学生随着学校撤到山区，其中 50 余名师生选择赴前线参军。1947 年 6 月，临邑二中的学生为抗议国民党的血腥镇压，有 30 余学生从军。新青团在渤海二中建立后，在其动员下，有 32 名学生报名参军，其中 8 名为团员。③ 青年学生参军事例数不胜数。经过宣传动员后，许多地方的青年学生还在开展劳军运动，组建文工团、服务团等赴前线慰问。在新海市的新年军民联欢晚会中，由学生组成的海师剧团接连在新浦、海州演出三天慰问战士。他们的几次演出"在部队、在群众中都起了很大的作用，在部队中受到了普遍赞扬，群众送点心慰

---

① 《海阳县青年工作总结》，1947 年 4 月 22 日，档号：G003-01-0031-009；《荣成县一个月来青年生产工作汇报》，1947 年 6 月 7 日，档号：G003-01-0032-013，山东省档案馆。

② 《半年来青年工作总结》，1947 年 4 月 25 日，档号：G003-01-0032-016，山东省档案馆。

③ 《齐河等十二县三千青年参加解放军，新解放区群众奋起参军报仇》，《渤海日报》，1947 年 6 月 15 日。

劳大家"。① 新浦的学校发起劳军运动后学生们便开始积极响应，"每个同学皆拿一二件劳军物，打鼓吹号，高呼拥护解放军的口号，将劳军物件送往市政府。"② 有的学生参加劳军时，其家庭是持反对态度的。青年学生王春华与家人商量无效后，对父亲说要去服务团读书，直至春节前解放区政府给军工属拜年到他家中，其父亲才得知此事，便也不再计较。③ 在家人不支持的情况下，大多是同学之间互相帮助说服的。

解放战争时期，中国共产党将山东解放区的青年动员重点转向城市，以广大青年学生群体为主要动员对象，结合青年学生的思想特点和学习生活条件开展与之相适宜的动员活动，成效显著。经过中国共产党组织的宣传教育与实际锻炼后，青年的思想态度逐渐转变，行动上更显积极。他们配合政治宣传，参与社会改造和支前、生产等中心工作，不仅能够扎实党在城市的群众基础，也为城市的接收管理与政权巩固灌注了有生力量。

---

① 《新海市青年一般概况调查材料》，1949 年 3 月，档号：G003 - 01 - 0157-001，山东省档案馆。

② 《新海市青年一般概况调查材料》，1949 年 3 月，档号：G003 - 01 - 0157-001，山东省档案馆。

③ 《潍坊青年工作的综合报告》，1949 年 1 月，档号：G003 - 01 - 0172-001，山东省档案馆。

第四章

山东解放区的农村青年动员

在中国革命的历史进程中，中国共产党依靠占全国人口绝大多数的农民作为革命胜利的重要保证。青年农民是农村中最积极、最活跃的骨干力量，他们富有热情、思想行动活跃，对实现自身利益和前途及改变农村落后面貌有更为强烈的意愿和更为自觉的意识。抗战胜利后，由于新的政治形势和战略攻势，山东解放区在中共中央的统一指示下，深入开展土地改革运动。青年经过土改在政治、经济上得以翻身，这直接推动了其参加战争与革命的积极性。解放战争时期，中国共产党与农村青年之间形成了一种良性的双向互动，在满足青年个人和家庭利益的基础上，中国共产党支持并培养广大农村青年成为乡村政权的新鲜血液，同时积极动员农村青年参与山东解放区的参军、支前、生产等各项中心工作。

一、农村青年概况——以个别乡村地区为例

关于整个山东解放区农村青年的概况，如农村青年总人数、占比、成分等，笔者暂未发现准确的数据方面的史料支持，但可通过个别乡村的统计数据汇报窥见一二。

胶东区党委、青委会青年工作组于 1949 年 4 月赴牙前县郭城区农村开展调查，对该区农村青年状况做了初步掌握。

1. 人口。调查所在乡共 5 个村庄，总人口 2226 人。其中青年数目 213 人，约占人口总数 9%；男青年 106 人，占青年总数 49.8%；女青年 107 人，占 50.2%。其中，青年的年龄以 18 岁为限，18 岁以下共 114 人，男青年 62 人，占 54%，女青年 52 人，占 46%；18 岁以上共 99 人，男青年 44 人，约占 45%，女青年 55 人，约占 55%。其中，贫农 45 人，中农 29 人，新中 34 人，富农 2 人，地主 4 人。文盲 96 人，初小 38 人，初小毕业 43 人，高小 35 人，初中 1 人。青年最多的村庄占到总人口的 13%，最少的 8%。

2. 青年参军情况。全乡参军青年 99 人，男青年 77 人，占 78%，女青年 22 人，占 22%。其中，贫农 11 人，新中农 28 人，中农 50 人，富农 8 人，地主 2 人。参军最多的村庄，参军青年占总青年数的 34.8%，中等数量村庄占 25%，最少的村庄占 18%。

3. 现有青年和参军青年的比例。现有青年213人，参军的99人，全乡共有青年312人，参军青年占全部青年人数的31.7%，现有青年占68.3%。

以上情况说明：（1）农村现有青年数量并不少，而且男青年仅比女青年少一小部分，同时参军数量不少。现有男青年占68.3%，并不像所说的"农村没有男青年了，有几个全是青妇小队"，"农村男青年都参军了，净剩妇女"。（2）分布不平均。这与参军人数的不平衡有很大关系。（3）由于战事影响，教育没有得到很好的普及，青年文化程度较低。

4. 组织状况。青年组织几经变化，先前最活跃的和作用最大的是青抗先，改为民兵后不再发挥作用。目前，农村青年组织有：（1）青救会。主要是男青年的组织。（2）青妇小队。青年妇女的组织。在农村中起到一些作用，后来渐渐消沉。

5. 思想状况。农村青年的共同需求：搞好生产，提高文化和政治水平。但由于性别社会地位不同，在需求上也存在差异。由于封建思想在广大农村根深蒂固，重男轻女思想残存，以及男青年是参军者主力，男青年的家庭和社会地位较高。因此，家庭从小就进行安家立业的教育，他们的需求主要是搞好生产，当家过日子，同时他们对文化学习也很渴求，迫切要求学识字、学算盘、看报纸。妇女在社会上处于弱势和被轻视的状态，在经济上没有地位，因此，农村的青年妇女最注意前途问题，她们看到自己的同伴因文化程度高参加了革命，而且进步很快，所以，她们对学习文化和参加政治活动的要求相当迫切。农村青年们普遍非常喜欢文娱活动，他们留恋以往的村俱乐部和部队驻扎时的娱乐活动，例如，"去年炮团在这里真热闹，每天晚上唱歌，情绪很高，一位青年能看《西游记》，每天晚上出来讲，青年非常愿听，能团结很多青年。"同时，农村青年顾虑也很大，有的男青年怕参军，有的女青年害怕因干活而磨破衣服等。①

　　该调查报告为我们更好地窥见山东解放区基层农村青年的分布、组织情况、思想状况等提供了标本。中国共产党即是在掌握农村青年情况的基础之上，在山东解放区的广大农村把青年们动员起来的。

二、青年动员与乡村政权建设

　　乡村政权是中国共产党政权的基础和延伸到基层的神经末梢。在山东解放区，中国共产党对农村青年参与乡村政权给予了充分的支持。在动员青年农民参与乡村建设的过程中，中国共产党首先对青年干部进行动员和改造，使青年干部的政治觉悟和工作水平有所提高，从而更好地领导了农村青年活动。同

---

①　此处农村青年情况调查根据该档案整理：胶东区党委、青委会青年工作组：《关于农村青年状况的调查报告》，1949 年，档号：G003-01-0028-005，山东省档案馆。

时，中国共产党组织青年学习，满足青年人学习文化的强烈愿望，也为将青年纳入政权建设做了知识层面的准备。而解放区土改的开展使地主和恶霸不再一手遮天，翻身青年逐渐成为山东解放区乡村干部的重要后备力量。

（一）改造青年干部

青年干部是农村青年动员的"主角"，在动员农村青年的过程中，中国共产党十分重视对青年干部进行教育与改造，坚定青年干部的工作信心和对中国共产党取得革命胜利的信心，培养农村青年带头人和主心骨。

早在 1944 年秋，山东地区在推行教育改革时就开始强调注重干部教育，黎玉在山东省第三次行政会议的总结报告中更是指出"干部教育重于群众教育"①。1946 年 7 月，山东第二次教育会议上教育厅厅长杨希文指出要"提高干部的文化水平及专业知识，成为干部教育的基本任务"②。对农村来讲，一方面革命战争和土改工作需要大量高素质干部，另一方面村干部对农民往往能起到巨大的带动作用，青年干部更是如此。对青年干部加强教育，提高其政治觉悟是深入开展农村青年动员的迫切任务。

---

① 孟庆旭、王玉华主编：《山东教育史·3》，山东教育出版社，2015 年，第 332 页。
② 杨希文：《论山东教育改革运动》，载山东省档案馆、山东社会科学院历史研究所编：《山东革命历史档案资料选编·第 17 辑》，山东人民出版社，1986 年，第 195-197 页。

　　青年干部的工作态度和素质好坏关系到党的青年政策在农村地区的贯彻落实，因此在发动青年之前打通干部的思想，发挥青年干部对广大青年的带头作用。

　　在山东解放区的广大农村中，一些青年干部的态度一度是消沉的，滋长了取消主义的思想，认为青年工作可有可无，青年工作无内容，出现在其位不谋其职的现象，对上级要求开展的青年工作草草应付。有的不安心于青年工作，认为青年工作没有前途，或想着如何到城市去，"到县一开会，见面头一句就问是否能调动工作。"① 在查减时就有青年干部认为："查减不该青年事，只要是农会干就可以了，青年就是配合配合就算了，咱们青年干部只要是好好领导青年学习就行了。"② 大生产运动中有的青年干部便认为生产工作是季节性的，每到春天必然生产这是规律，没什么特别，在生产中不注意发动青年。动员参军时，有的干部自己先害怕起来，更遑论发挥带头作用，甚至要求退出青救会。

　　为使青年干部认清时局，转变其思想，坚定革命胜利的信心和对青年工作的支持，山东解放区对青年干部主要采取了以下几种方式进行教育与改造。

---

　　① 《牙前县青年工作总结》，1946 年，档号：G003-01-0029-003，山东省档案馆。
　　② 《牙前县青年工作总结》，1946 年，档号：G003-01-0029-003，山东省档案馆。

一是政治时事学习。为组织青年干部开展政治教育和时局学习，解放区印发了《八一告全体同志书》《动员全解放区人民粉碎蒋介石的进攻》《目前胶东的形势和我们的任务》等文件材料，要求青年干部学习时政，并结合《大众报》《群力报》等报纸刊载的时事消息，使青年干部对时局形成清晰的认识。

二是座谈讨论启发。组织区域性的农村青年干部会进行座谈讨论是一种常见的动员方式。各地青联在干部集中会议上提出讨论题，让青年干部自由讨论。如牙前县青联召集各地农村青年干部进行若干问题的讨论："国民党进攻解放区具体是干什么，是不是能消灭咱们人民，为什么？咱们这里是否有希望国民党来的，为什么？他们都有哪些表现，咱们怎么办？国民党争夺咱们的果实，咱们应该怎样？国民党大举进攻是否能胜，咱们应该怎么样？你为什么跟着共产党走，他都有哪些好处？和平民主团结是否能实现，咱怎样才能实现？蒋介石它是代表谁的？"① 这些讨论座谈的主要目的是转变青年干部对时局的和平麻痹思想或悲观失望情绪，加强前途教育和阶级教育。有的地区还吸收模范人物参加讨论座谈，在模范的影响下使青年干部对党的农村工作引起重视，以便回村后更好地动员

---

① 《牙前县青年工作总结》，1946 年，档号：G003-01-0029-003，山东省档案馆。

农村青年。

三是召开干部诉苦会、动员会。为激发青年干部的工作和学习热情，解放区还开展文化诉苦会或学习动员会。会上青年干部主要讲述工作和学习方面的困难，并订立个人学习计划。汤南村一个青年干部在文化诉苦会上说："咱从小就没能念书，一个字也不识，人家都能念报纸，咱是听也听不懂，推着小车子去威海连门都找不着，见人也不能放声，不知说什么对说什么不对，好像一个大傻瓜，共产党来了以后就开办冬学民校，过去就认为学习没有用不好使，因此上了好几年冬学也不识个字。今年开冬学后，保证努力地学习，保证不当个眼瞎子了。"①青年干部自身已经明显认识和感受到较低的文化水平对开展工作的掣肘，因此积极响应中央的文化动员，并在诉苦会上表示决心。举办文化诉苦会和学习动员会能够提高青年干部的学习自觉性和积极性，使其掌握一定的文化知识，以便在工作开展时更加应对自如。

四是进行实际工作锻炼。青年干部接受了时局教育和政治学习后，积极参与各种形式的斗争工作，在实际工作中接受锻炼。如滨海区统一要求青年干部全部参加土改复查，并把所有

①　《昆嵛县三个月青年工作总结》，1946 年 12 月 12 日，档案馆：G003-01-0031-005，山东省档案馆。

新青团的团员与其他一切可能动员起来的青年都动员起来。①
自 1946 年底，新青团开始在山东解放区试建以后，培养了一
批青年积极分子及青年干部。新青团团员带领青救会及中贫、
雇农青年要回了他们的土地、房屋与财产，富农、地主成分的
团员说服自己的家人服从管理，以此来影响其他地主富农青年。

通过改造和动员的一系列活动，青年干部开始转变取消主
义思想，具体表现在：汇报工作中，牙前县各区"都来信谈工
作情况，还有离县较近的区都来口头汇报，尤其是马石区有三
个月没来信谈工作情况，这次回去十来天就来了三封信汇报了
工作情况"，可见对工作的确起了很大的推动作用。再如，马
石区姜同志过去不认真开展工作，也不服从各救会的领导，对
青年工作更是漠不关心，自从打通思想后"下决心回去好好搞
工作，好好为群众服务，决心非把马石区青年工作搞好不可，
回到区以后，干得相当起劲，工作情况也能及时汇报了"。②

（二）组织文化学习

组织农村青年进行文化学习是满足青年学习文化知识的需
要，也是中国共产党发动青年参与乡村建设的重要手段。青年
农民大多文化程度较低，不仅在政策的上传下达中不能全面领

---

① 《关于对土改复查运动中青年工作的指示》，1947 年 7 月，档号：
　G003-01-0053-003，山东省档案馆。
② 《牙前县青年工作总结》，1946 年，档号：G003-01-0029-003，山东省
　档案馆。

会，也阻碍了青年自身的进步和政治参与程度。因此，山东解放区动员农村青年进行文化学习，在开展文化学习的过程中也贯穿政治教育和民主教育活动，以改变青年农民淡漠的政治意识。

在新形势下，解放区政权建设所需人才需要具备一定的文化水平，尤其是老解放区农村青年，他们曾参加过多次群众运动，亦具备良好的政治觉悟。因此，许多农村青年要求解决自己的前途、出路问题，要求加强学习以提高文化水平，以备将来脱离生产、参加革命。有的青年单纯是为了方便生活，他们认识到想要过上好日子，不识字、不了解社会形势是要落后的。还有的男青年怕参军、怕艰苦、怕牺牲，但又想谋一个好的前途，也要求学习。农村女青年要求学习的想法同样迫切，未婚女青年找个落后的丈夫不甘愿，她们认识到这需要自己在政治上进步，文化上有提高。她们"由于文化水平低，想参加革命又不行，是非常苦闷的"。① 随着妇女解放思想的不断传播，广大妇女也被纳入新的政治秩序之中。

基于以上情形，中国共产党运用多种方式动员农村青年学习。除在抗战期间普遍发展的冬学外，还面向农村青年成立青年学习室、妇女识字小组等作为青年学习的特殊形式。这种动

---

① 《关于农村青年状况的调查报告》，1946 年，档号：G003－01－0028－005，山东省档案馆。

员青年战时学习的情况在解放战争时期的山东农村比较普遍。据统计，在 1946 年夏，全省青年学习室就已有 4254 处。① 青年学习组织得比较好的村子，一个村能有数个青年学习室，青年学习室的学习内容和活动方式也较为丰富。为鼓励青年学习，村干部往往利用学习室营造争先氛围。有的以村为单位做一个"光荣匾"，"哪个学习室学习得好，谁即把光荣匾争去，全村的青年儿童敲着锣鼓送，一时学习落后了，即把光荣匾摘下来再学习内容"②。学习的内容以读报纸、识字和讲政治为主。有的村为吸引和动员青年到学习室参加集体学习，便给学习室起了各式各样的名字，如"青年反蒋学习室""青年同盟学习室""青年联盟学习室"。学习室将男女青年组在一起学习，按不同的成分划成班，配备教师讲授文化和政治。为了调动青年们的学习情绪，青年学习室的配备往往都是最好的，各村尽最大条件把学习室装扮得有模有样，如利用旧书、人像、标语口号、墙报发扬表、挑战表和应战表等贴墙，还有的用石灰水将学习室刷得雪白，挂上伟人像及党旗，使青年们能够自觉自愿、高高兴兴地学习。③ 在学习室的组织管理上，村内将

---

① 常连霆主编、中共山东省委党史研究室编：《山东党的革命历史文献选编·1920—1949·第 10 卷》，山东人民出版社，2015 年，第 515 页。

② 《海阳县青年工作总结》，1947 年 4 月 22 日，档号：G003-01-0031-009，山东省档案馆。

③ 《昆嵛县三个月青年工作总结》，1946 年 12 月 12 日，档号：G003-01-0031-005，山东省档案馆。

青年学习室划为几个组，每组配一个小先生或一个小组长进行日常监督和管理，建立请假制度，以保证成员的学习参与率。学习室还经常组织全体会进行发扬批评，汇报学习成绩，比如识了多少字，学习上有什么困难等。

很多村庄在成立青年学习室不久后，参与学习的青年在识字、算数、读报等基础性文化学习方面均有进步。蓬莱县磁石区曲家村的青年曲景成是青年学习室的带头典型，他在1945年中小退学后，回村联系了3个同学组建青年学习室。最初学习室只有12个人，他们以读报、自编自唱歌曲为主，每周开3次算数课，3次识字课，学习室的灯油由他们自己拾草开荒解决。后来村干部看到他们的成绩，主动帮他们解决经费问题，村内青年妇女、民兵主动加入学习室的越来越多。此后学习室每天晚上都组织活动，每晚两个钟头，青年们反映自己"在识字、认票、寄浅白信上都有收获，在政治上也提高很多。"①学习室的组建对农村青年文化和政治素养的提升颇有帮助。

除了最典型的青年学习室外，山东解放区为动员农村青年学习还兴办青年民校、夜校、妇女识字班、读报组等，便不再一一赘述。通过以上形式中国共产党满足了青年的学习需求，也提高了青年的文化素养，培养起青年的政治意识。

---

① 《磁石区青年英勇斗争思想活动材料》，1949年3月16日，档号：G003-01-0093-022，山东省档案馆。

（三）青年与土地改革

解放战争时期，中国共产党发动土地改革使广大贫苦农民获得了土地，不仅满足了其生存生活的需要，而且把农民从封建土地剥削中解放出来，使农民能够积极投入革命。土改也是动员青年农民的重要途径，青年为了保障在土改中个人及其家庭获得的成果，积极参与群众运动与政权建设，成为中国共产党的坚定支持者。山东解放区十分重视青年农民在土地改革运动中的作用，青年农民特别是贫雇农青年积极参加反霸、减租减息和查减等斗争，在看管地主、分配斗争果实等方面起了带头作用。各地在土改中改变了地主对乡村政权的把持和控制，农村青年受到了实际的教育和锻炼，政治觉悟提高，对共产党政权由疏远转为认同，大批青年干部崭露头角，成为乡村政权建设的重要力量。

1946 年 5 月 4 日，中共中央在《关于土地问题的指示》中指出"坚决拥护群众在反奸、清算、减租、减息、退租、退息等斗争中，从地主手中获得土地，实现'耕者有其田'"①。8 月上旬，中共中央要求山东解放区加快土地改革，华东局根据形势发展和山东的实际情况，对取得土地的办法规定了几种方式，大规模的土地改革运动在山东解放区展开。山东省青联

---

① 中共中央文献研究室中央档案馆编：《建党以来重要文献选编（1921—1949）第 23 册》，中央文献出版社，2011 年，第 246 页。

要求解放区农村"要在发动整个农民中，同时发动起青年来，不仅要使青年在运动中发挥其先锋积极作用，更重要的是使青年在运动中受到实际的教育和锻炼。"① 中国共产党意在使青年在土改的锻炼中提高民主与阶级觉悟，为解放区的建设及政权巩固打下坚实的基础。

在老解放区开展的查减运动中，青年在其中发挥着带头先锋作用，他们积极参加各项减租斗争。中国共产党不仅通过查减运动发动了青年，也在动员青年参与查减的过程中，使青年组织得到发展。如牙前县各区青救会发展了会员，青年组织也得以巩固。

牙前县各区青救会员数统计②

区别	林寺	杆山	长沙	桃村	观承	发城	郭城	徐家店	崮山
原有会员	611	959	612	703	781	609	697	519	617
发展会员	68	13	51	0	87	15	45	82	69
共计	679	972	663	703	868	622	742	601	686

不仅如此，青救会会员的思想也得到了普遍提高，进一步向党组织靠拢。如马石区北果子村的青年起初对自己的团体没有正确的认识，甚至有的会员说，"我不是青会我是青年队或

---

① 共青团山东省委、山东省档案馆合编：《山东青年运动档案史料选编·第2辑·1938—1949》，第205页。
② 《牙前县青年工作总结》，1946年，档号：G003-01-0029-003，山东省档案馆。

说是民兵"①，对自己的团体认识模糊。通过参与查减，农村青年提出的问题或要求都通过青救会得到解决，青救会提高了自身的威信，其成员对组织的认识也发生了转变。

在新解放区，当地农民长期处在日伪政权和封建势力的统治下，一些汉奸恶霸勾结日寇，鱼肉乡里。中国共产党于1946年明确提出了反奸清算的工作方针，山东解放区随即发动群众开展反奸清算斗争。广大青年在斗争中善于坚持真理，不讲情面，敢作敢为，如松树夼村有一个特务起初坚决不承认自己是特务的事实，群众也找不出具体证据，是他的侄子将他做特务事实揭露出来，他"造谣说中央军来啦！打岗、卡电线！你和柳树村一特务开小会讨论怎样造谣，这些我可是亲眼看到的和听见的。"万家夼村在斗争"恶霸"时，斗争对象也相当狡猾，在会上强词夺理不承认自己的所作所为，一上午的斗争毫无结果，大会持续很久，群众情绪低落，不想浪费时间。这时有青年把他曾打过的工人、被他扣发工资的工人找来与其对质②，恶霸这才低头承认了错误。村干部则利用斗争的契机，在广大青年中发现积极分子，注意培养其成为群众运动的骨干。

---

① 《牙前县青年工作总结》，1946年，档号：G003-01-0029-003，山东省档案馆。
② 《牙前县青年工作总结》，1946年，档号：G003-01-0029-003，山东省档案馆。

通过反奸斗争，广大青年树立了信心，政治上表现也更加活跃，他们在墙头写着："打倒坏分子""肃清了坏分子我们的组织才能巩固""我们要组织起来团结起来才能铲除封建统治"等标语。[①] 斗争过后农村的青年组织也得以巩固和扩大，风林区某村在召开斗争"恶霸"大会后，新发展了青救会员38名，有青年干部讲道："过去青救会开会没几个青年到场，现在召集开会能到齐，并成立青年学习室，会员积极上冬学并主动报告要求看守斗争对象。"[②] 有的青年还主动提出要帮助没有翻身的青年以及广大群众翻身作主，可见青年在经历了实际的锻炼后，其政治觉悟和斗争积极性均明显提高。

在已经进行土改的地区，土地分配不均、分配不公的情况也有存在，有的地方对封建势力斗争得不够彻底。为了使更多无地少地的农民得到土地，巩固土改成果，中国共产党决定开展土改复查运动。在土改复查中，为了将农村青年真正发动和组织起来，党组织召集青年采用反思与回忆的方式启发思想："去年查减工作都有哪些偏差？现在主要是有哪些思想不通的地方？为什么有穷人有地主？穷人怎样才能翻身？不翻身青年有没有前途？谁是新社会的绊脚石？这些苦是从哪来的？我们

---

① 《荣成青年工作汇报》，1949年2年29日，档号：G003-01-0032-010，山东省档案馆。

② 《威海市农村青年工作情况》，1947年，档号：G003-01-0047-018，山东省档案馆。

回去怎样干支前复查生产？如何团结干部坚决复查？"① 有的地区采用个别动员的方式，以青救会员为主力，先找村中最贫苦、受压迫最重的青年，动员他"干起来"，再以他去动员教育其他青年。

经过教育和启发后的青年逐渐在复查运动中发挥了作用。青年在斗争会上敢于发言，潘九令、潘学牟、潘学智3名青年在查减前即把全村青年组织好，在讲理大会上与地主斗争。在斗争结束后，他们自动成立了检查小组，专门检查地主的活动。高家汤村的青年罗浩、姜风君、姜风锡、姜风山在讲理大会上勇于发言，并带领其他青年一家一户地了解情况，进行查减。② 在诉苦大会上，贫苦青年往往带头上台控诉。如博山县源泉村贫农青年王继禄最先在大会上控诉说："有一年年成不好，他的小妹妹拔了地主家一把麦子，汉奸保长罚他家 2000元。被逼无奈，家里典当了块地。小妹妹饿死了，大妹妹被人拐卖到黄河北，自己去给地主家当长工。白天干了一天活，晚上又被叫去推磨。十冬腊月，两脚冻得裂了口子，还得给地主推粮食去卖。吃的却是连猪闻闻都掉头不吃的烂豆子、烂高

---

① 《关于对土改复查运动中青年工作的指示》，1947 年 7 月 10 日，档号：G003-01-0053-003，山东省档案馆。
② 《海阳县青年工作总结》，1947 年 4 月 22 日，档号：G003-01-0031-009，山东省档案馆。

梁。"① 当着祖祖辈辈压在他们头上的地主的面，老农民一般不敢上台斗争，也抹不开情面。青年人则能够抛开顾虑，将自己所受之压迫全然倾吐，引起群众的同情与情感共鸣。

各地在发动青年与封建地主、恶霸开展斗争的过程中，涌现出一批敢于斗争、有领导能力的青年积极分子，这些青年农民被充实到乡村政权和青救会、农救会、妇救会等群众组织。土改中涌现出的翻身青年壮大且巩固了乡村基层政权，渤海区经过土改选拔了乡村干部 37400 余人，区干部 775 人，县干部 68 人，其中绝大多数是青年。② 滨海区在土改复查运动中采取普遍教育、个别吸收的方式培养了大量中贫雇农青年积极分子。土改后大批农村青年党员、积极分子参加农村基层政权建设，实现了对旧政权的重塑。

三、动员青年积极参军参战

解放战争时期，山东地区的参军动员堪称典范，成效显著，参军动员也是中国共产党在山东解放区进行青年动员的重要内容。农村青壮年在部队中占大多数，是人民军队的主要兵源补充，动员农村青年踊跃参军能够支持部队前线作战，对解

---

① 李宾：《青春似火·山东青年革命运动史话》，中共党史出版社，2005年，第 144 页。
② 共青团山东省委研究室青运史组编：《山东省青年革命运动简史》，1994 年，第 145 页。

放全中国至关重要。

中国共产党在解放区通过土改解决了青年农民的土地问题，这也是推动他们响应参军号召的重要因素。但农村青年并不是获得了土地就能马上积极主动地参军支前，在小农经济体系中，劳动力短缺是制约农业发展的关键因素之一，青壮年劳力大量参军或出夫，势必严重影响家庭农业生产的正常运行。同时，直接参军意味着将自己的生命置于危险境地。因此，在这里，我们更能看到共产党强大的组织动员能力。① 山东解放区的农村青年踊跃报名参军离不开中国共产党高效的组织动员。

全面内战爆发前，为贯彻中共中央"向北发展，向南防御"的战略方针，山解放区东抽调了 7 万多主力部队奔赴东北，兵力严重消耗。1946 年 1 月，华东局发出《关于动员参军补充主力工作的指示》，各级政府立即开展征兵动员工作，号召青年参军，山东解放区掀起大参军运动。6 月，为保证兵力补充以粉碎国民党进攻，中共华东中央局、新四军军部兼山东军区联合发出《关于兵员补充的指示》，强调兵源要"划分地区，分批补充，就地动员，就地补充"②。自 1947 年 1 月，山

① 李里峰：《土改与参军——理性选择视角的历史考察》，《福建论坛（人文社会科学版）》，2007 年第 11 期。
② 常连霆主编、中共山东省委党史研究室编：《中共山东编年史·第 5 卷》，济南：山东人民出版社，2015 年，第 485 页。

东解放区战场先后打响了鲁南、莱芜、泰蒙、孟良崮、南临等十余场重大战役，部队因伤亡减员严重，因此，这一时期山东解放区开展了多次大规模的参军动员。国民党军队对山东实行重点进攻后，为了减轻人民的负担，中国共产党集中力量进行生产救灾，山东省政府决定停止扩军。1948 年 10 月前后，解放战争进入战略决战阶段，战役规模扩大，急需征集大批青壮兵员，华东局作出《关于淮海战役期间兵员补充计划》，要求在淮海战役期间从山东动员 11 万人的兵力。① 至 1949 年 3 月，山东解放区在"打过长江去，解放全中国"的口号下，又一次掀起了规模宏大的参军高潮。

为了争取解放战争胜利，中国共产党从战争前期就指示各地发动群众，开展大规模的参军支前运动，并通过土改满足了农村青年及其家庭的利益需求，这是实现动员青年参军的重要基础。而对于青年自身而言，参军的动机与顾虑相互作用构成了其参军意愿。如某村青年因害怕参军，甚至连抬担架都不愿去，"跑在山洞里躲，但因天很冷，在洞里烤火叫烟呛死了一个"②。有的青年出于感情，舍不得离开家中的父母、妻子，只求过平淡稳定的生活。土改后，得到土地的青年农民更是不

---

① 王东溟编：《山东人民支援解放战争》，北京：中共党史出版社，2005 年，第 60 页。

② 《两个月来反蒋保田立功运动和青年工作总结》，1947 年 3 月 17 日，档号：G003-01-0048-006，山东省档案馆。

愿离开家乡。男青年还是家庭生产的支柱，家人也不愿让其去前线冒险，因为一去便不知何时才能归来。若参军到前线，面临的婚姻问题也是青年所顾虑的。而有的青年对时局有悲观思想。农村青年受视野和知识水平、信息闭塞等因素限制，当国共战况一有变动时便害怕"变天"。即使相信共产党能够取得胜利，也认为"出去就是上江南，去了不知什么时候回来"①，忧虑战争的长期性。最后是各种各样谣言的流传对青年影响很大，对谣言真实性的想象，加剧了青年内心的焦虑与不安。特务散布谣言称："国军是假退，三两天就打回来！"向群众说："说话要小心，出了事找你！"莱芜县某村有人散布谣言称："博山现在增加了四五万人，这就快进攻莱芜"，"八路军打败了仗现在又拔兵，上次咱庄 18 个现在又要 40 个，看这样 80 个也止不住"②。谣言进一步引起了青年的恐慌。

对于紧急军需和部分青年惧怕"拔兵"之间的矛盾，中国共产党在动员其参军过程中强调要考虑和掌握青年的思想规律，给予其逐渐觉悟的过程，以适当的方式发动青年，直到青年行动起来。

（一）开展政治教育

对青年进行政治教育时，各地一般采取集体动员或个别教

---

① 《渤海区青运开展过程的概况简述与对渤海今后青年工作的意见》，1949 年 4 月 19 日，档号：G003-01-0110-001，山东省档案馆。
② 《颜庄区南下冶村以动参中青年逃跑经过情形的总结》，1947 年，档号：G042-01-0280-016，山东省档案馆。

育的方式。集体动员主要是利用诉苦会、庆祝胜利大会、保田宣誓大会的机会，对青年进行阶级、形势和前途教育，讲解参军的目的和意义、解放军的性质和战斗力等，启发青年认识到只有参军才能打倒国民党，维护土改的成果。有的地区利用诉苦会动员青年参军保田，有的青年了解了过去群众所受的压迫，"在诉苦大会上哭得抱成一团，要给广大群众复仇，当众发誓，两三个青年咬破手指写血书。"有的地区紧接着召开全体青救会员大会，号召广大青年参加主力部队："我们这次都得了土地是值得欢喜的一件事，但国民党反动派蒋介石处处仍在进攻我们，不让我们过太平日子，我们青年应当参军保卫我们的土地家乡与父老啊！""早去一天就早打垮反动派一天，和平就能早到来一天"。① 在个别教育中，村干部和积极分子会起到带头作用。如昆嵛县七里汤村、藕湾村、汤南村等数十个村的青救会长要求参军，带动了村里的青年报名，藕湾村青救会长姜晗山带头提出要参军，该村的青年与民兵逐一响应，最终有 42 名青年报名参军。② 个别地区针对少数青年深入做思想工作，以点带面，由村内干部、党员分片，做家人和青年本人的思想工作，使农村青年认识到翻了身后应该报名参军上前

---

① 《昆嵛县三个月青年工作总结》，1946 年 12 月 12 日，档号：G003-01-0031-005，山东省档案馆。

② 《昆嵛县三个月青年工作总结》，1946 年 12 月 12 日，档号：G003-01-0031-005，山东省档案馆。

线。在做足充分的思想改造和政治教育工作后，再开展大规模的宣传活动。

（二）多样化宣传

广泛的宣传活动能够营造热烈的氛围，符合青年富有激情的性格特点，有效地激发了青年参军的热情。中国共产党利用青年喜闻乐见、合乎青年心理与性格的宣传方式，增强参军荣誉感，对青年形成心理触动。

1. 利用节庆或纪念日契机，大力开展宣传活动。宣传内容主要有：蒋军必败、我军必胜；反对蒋介石卖国；大后方人民的生活暴动；保卫延安毛主席；参军保田，拥护农民翻身；揭露国民党的罪行等。如牙前县借着一二·九纪念活动的契机，各区都在大会上举办了较大规模的动员参军秧歌公演①，公演会场的布置和仪式非常隆重，为青年动参营造了热烈的氛围。

2. 召开群众大会。许多地区把全村群众大会作为宣传参军的重要平台，群众大会能够渲染浓烈的参军氛围，形成更强大的声势。正是这种对群体心理的把握，使青年在集体的影响下出现感情和意志的变化，从而增强了青年参军的内生动力。马石区召开群众大会时，在会场扎了几个大松板门，门匾上写着"翻身门""胜利门""保田门"；大会开始后鸣炮，炮响后青

---

① 《牙前县"一二·九""一二·一六"青年学生儿童运动工作总结》，1947 年 1 月，档号：G003-01-0047-013，山东省档案馆。

年干部带领群众欢呼："第一炮：庆祝全区群众土地回家翻身胜利；第二炮：庆祝保田立功早日争取自卫战的胜利；第三炮：把蒋贼打出去争取和平早日到来。"鸣炮以后，吹奏洋号和喇叭，高呼："参军保田真光荣，立下功劳称英雄"，"土地来家了是共产党毛主席领导的，蒋介石又想夺回去叫我们遭二茬罪！"并向毛主席与朱总司令致敬，向保护翻身利益的死难者哀悼。武装部队人员登台宣扬参军保田模范事迹时，台上洋号喇叭鸣起，摆烟酒花生，提出假若谁要保田参军，就报告登台。"台下 20 多个青年小伙子跑上台，群众掌声如雷"①，最后由区部队指导员带领报名参军的青年，杀鸡盟誓，按上手印。纸房头村召开群众大会时，会场内扎了坐北朝南 60 多平方米的大台子。会上干部讲解全国解放战争的形势、上级的扩军政策及对群众的期望。群众大会后，该村趁热打铁召开青壮年参军报名大会。大会前，秧歌队扭起秧歌，歌咏队唱起了歌曲。干部张德茂请已报名的张兆怀等人上台，给他们胸前戴上大红花，对台下的群众说道："他们就是咱全村老少学习的榜样，他们全家都光荣"，"咱们是骡子是马拉出来遛遛，是英雄

---

① 《牙前县"一二·九""一二·一六"青年学生儿童运动工作总结》，1947 年 1 月 15 日，档号：G003-01-0047-013，山东省档案馆。

好汉还是狗熊懒蛋，上台比比看看"，最后 22 名青壮年上台报了名。① 为表彰和奖励报名参军的青年，农会特意宰猪买酒，席间干部轮流给参军青年敬酒，勉励他们安心在前线杀敌立功。

3. 标语口号也是对农村青年开展宣传的重要方式。标语口号往往以通俗易懂的语言、振奋人心的内容，激发青年参军热情。为鼓励青年参军归队，不少地区形成了一套专门的标语口号进行宣传，如：

一人参军，全家光荣！

报名参军支援前线！

参加解放军，争取一年左右根本打倒蒋介石！

踊跃参加解放军，争取淮海战役的彻底胜利！

解放军是人民的队伍，劳动人民要参加自己的队伍！

解放军打仗为人民，人民参加解放军！参加解放军，保生产，保翻身，打倒蒋介石，帮助全国人民齐翻身！

一人参军全家光荣，杀敌立功，更加光荣！

---

① 张德恕、张秀芳：《为了全国人民的解放——忆纸房头村 1947 年大参军》，载常连霆主编，中共山东省委党史研究室、山东省中共党史学会编：《山东党史资料文库·第 30 卷》，山东人民出版社，2015 年，第 486 页。

要过更幸福的日子，就要壮大人民武装，打倒蒋介石……①

标语的持续性宣传会对青年心理产生潜移默化的影响，为了争光荣，为了家人能过上好日子也要去参军。将标语口号写于墙壁或黑板作为常出现在生活中的信息载体，能够营造参军的舆论氛围，引领自觉实践。许多地区在青年学习室、各村小黑板上写满标语：

"现在谁吃苦，将来谁享福，现在起来干，保田保饭碗，只有升级到前线，将来才能吃好饭；现在不立功，将来当狗熊，青年有勇气，立功不装熊，现在谁立功，将来是英雄；青年勇气大，人人夸奖他，就是说不做，谁都讨厌他，能说就能干，才是英雄汉……"② 在村庄的集体环境下，符合参军条件的青壮年易受他人看法与行为选择的影响，因此积极参军争做英雄。

口号具有较强的鼓动性与感染力，在参军大会上往往由干部带领与会青年大呼口号："壮大子弟兵，迎接大反攻！""打退敌人进攻，反蒋保田立大功！""跟着毛主席，解放全中国……"有的地区组织当地儿童团在会场喊口号，如"青年参

---

① 《关于动员参军归队的标语口号》，1948 年 12 月 10 日，档号：G026-01-0150-004，山东省档案馆。载常连霆主编，中共山东省委党史研究室、山东省中共党史学会编：《山东党史资料文库·第 30 卷》，山东人民出版社，2015 年，第 486 页。

② 《牙前县"一二·九""一二·一六"青年学生儿童运动工作总结》，1947 年 1 月 15 日，档号：G003-01-0047-013，山东省档案馆。

军，支援前线!""一人参军，全家光荣""好男儿要当兵"。①
中国共产党将政策语言转换成易于接受且激发共鸣的内容，把
参军运动推向高潮，实现了其目标导向。

（三）模范典型带动

山东解放区在动员青年参军时注意培养参军积极分子和典
型代表，发挥干部带头作用，褒奖踊跃参军者，宣扬典型参军
事迹，以带动和鼓励青年参军。例如将参军快报写成墙报，还
将参军的生动典型绘成漫画，向其他村庄散发；举行各行各业
英雄模范和积极分子大会，并在村与村、模范与模范之间互相
发起竞赛，在动员大会上，人与人、组与组、村与村之间展开
了挑战应战，民兵写《决心书》《挑战书》，青年妇女分到其
他村呼口号、送"战表"，以此推动各村的青年参军。在动员
青年参军的过程中，党员和村干部发挥了积极的带头作用，多
数地区都是由村干部动员和带领本村青年参入伍。② 同时，对
于各地动员参军中效果较好的做法，上级部门还在本地区域内
进行普遍推广。

报名入伍的青年能获得极高的荣誉和礼遇，"到处都有披

---

① 常连霆主编，中共山东省委党史研究室、山东省中共党史学会编：《山
东党史资料文库·第30卷》，山东人民出版社，2015年，第233页。
② 张卫波：《实现耕者有其田·解放战争时期的土地改革》，河北人民出
版社，2014年，第180页。

红戴花骑马参军的激昂队伍，到处都响着欢送参军的鞭炮"①。沿途群众以锣鼓鞭炮热情欢送，并叮嘱青年到前线杀敌立功。参军青年到区、县集中时，干部亲自为他们披红戴花、牵马抬轿。新泰县梁茂业参军时，坐着张县长抬的轿说："县长抬轿使我深受感动，决心到前线，杀老蒋，立大功。"② 这样的参军仪式营造了强大的声势，使已报名参军的青年备感光荣，也使其他广大青年认识到参军的重要意义，并感到无上光荣。

（四）影响式动员

个别地区结合本地实际情况对青年进行影响式动员，在这一过程中广大青年通过接触复员军人、民兵、军械等，对战争形势、部队生活、纪律作风和军械器材等进行充分了解，从而在消除顾虑后参军。

在动员青年参军之前，各解放区先动员复员的荣誉军人走近青年进行影响式教育，动员复员军人加入当地的青救会，向普通青年介绍人民解放军部队的战斗力、生活作风与纪律，使广大青年在青救会中接受参军光荣、保田光荣的教育，以激发其参军动机。个别地区将青救会与民兵组织相结合，使青救会员与民兵有更充分的接触和联系，打下青年升级成民兵的基

---

① 王东溟编：《山东人民支援解放战争》，中共党史出版社，2005 年，第47 页。

② 山东省地方史志编纂委员会编：《山东史志资料·1983 年·第 3 辑》，山东人民出版社，1983 年，第 62 页。

础。再如东营曹家村临近北海军分区修械所，该村村委会主任便与修械所负责人商量，借来 100 多件武器，包括机枪、掷弹筒、驳壳枪，向青年进行军事器械展示。青年人本就对新鲜事物有着极大的好奇心，参观部队的武器时"像小孩子过年放鞭炮一样高兴，那些对参军举棋不定的青年，也被武器吸引得发痒了，抢着背上了大盖枪"①。青年对军事器械的兴趣也一定程度上提升了部队对他们的吸引力。在解放全中国的紧急任务下，共产党要求所有群众组织都要参与到动参工作中，如农会要讨论并决定谁该不该参军，妇救会要动员其成员鼓励家里的青年男性去参军。还有少数地区调整武装部与青救会的关系，安排青救会服从武装部的统一调动，将青年组织和武装组织密切联系，对青年进行参加主力部队的动员教育。

此外，为解决参军青年家庭的后顾之忧，各地不但在政治宣传上表彰革命家属，而且在生产、生活等方面都给予军属照顾，组织妇女、儿童、青年学生及当地的新青团员等，在生活上给军属挑水、扫院子、洗衣推磨，在生产方面帮助其劳作，拔草拾粪，开垦荒地，解决青壮年参军家庭劳动力短缺的问题，以使青年安心奔赴前线作战。

中国共产党在动参中采取的几种主要动员方式对青年产生

①　《石良区"反蒋保田立功"大参军运动》，载常连霆主编，中共山东省委党史研究室、山东省中共党史学会编：《山东党史资料文库·第 30 卷》，山东人民出版社，2015 年，第 233 页。

了显著影响。政治教育打破了青年的思想顾虑，宣传动员、典型带动及影响式教育提高了青年的参战热情，拥军优属等工作又解决了青年对于家庭及家人的后顾之忧。因此，青年结合切身利益考量，解决其现有困难，在党的动员和号召下加入了参军大潮。

青年大多是以个人报名的方式参军，后来各地逐渐由以往的个人参军报名发展为成建制入伍。如胶东区福山县黄山村128名青年集体报名参军，组成"黄山连"，东莱阳县赤山区500名民兵集体参军，成为闻名胶东的"赤山营"。淄川县一次性动员2000余农村青年参军，组成一个团。青年农民报名参军踊跃，许多地区在动参中往往超额完成动员任务。仅在一次参军运动中，胶东区高密县5个区有885名青年农民参军，莱东县6个区970名青年报名参军，东阿、茌平等县的民兵在第一次参军热潮中有将近一半的新兵直接补入主力部队，渤海区在1个月的时间内约有1.4万名青年参军。① 1947年初，上级分配给广饶县1200名青年参军的任务，结果在10天内就有3145人报名，最后实际参军的有2662人，超额完成任务一倍多。② 据不完全统计，从1945年9月到1949年10月，山东解

---

① 山东省地方史志编纂委员会编：《山东史志资料·1983年·第3辑》，山东人民出版社，1983年，第60页。

② 王东溟：《山东人民支援解放战争》，中共党史出版社，2005年，第57页。

放区先后动员 957000 余名青壮年参加解放军（包括冀鲁豫边区的鲁西地区），占各解放区人数的 1/4 强，保障了解放军充足的兵源补充。[①] 其中仅在 18 岁至 25 岁这一年龄段的青年就占 80%。[②] 解放区农村青年的大规模参军，对解放战争时期的兵源补充和军队扩编起到了重要作用，支援了中国共产党部队的前线作战。

四、支前和生产中的青年动员

支前是一项复杂又极其重要的任务，山东解放区将支前作为中心任务之一，积极建立并充实支前机构，健全支前的相关制度，对支前工作给予了极大的重视。

在机构设置上，中共华东局、山东省政府和山东军区于 1946 年 9 月 2 日决定联合成立山东省支前委员会，各地也相应建立起支前工作专门的领导机构。[③] 随形势变化，山东支前领导机构几经调整。1947 年 1 月，华东局和山东省政府决定撤销原山东省支前委员会，重新建立山东省支援前线委员会。次月，华东局作出《关于扩大省支前委员会的决定》，扩大组织

---

① 朱铭、王宗廉主编：《山东重要历史事件·解放战争时期》，山东人民出版社，2004 年，第 365 页。

② 共青团山东省委研究室青运史组编：《山东省青年革命运动简史》，1994 年，第 147 页。

③ 朱铭、王宗廉主编：《山东重要历史事件·解放战争时期》，山东人民出版社，2004 年，第 366-367 页。

机构，行署、专署成立支前司令部，县一级成立支前指挥部，区、乡、村建立支前生产委员会。① 1948 年 11 月，华东局根据中共中央指示精神成立华东支前委员会，统一领导华东地区的支前工作。② 山东解放区还针对支前工作制定了一系列政策。山东省政府、山东军区先后颁布《关于加强人力的动员与组织更好地支援前线的指示》《动员使用人力及运输工具办法》《山东省实行常备民夫制及使用民夫办法》《人民出工条例》等建立了民工动员机制；《关于战时民兵待遇的几项规定》《关于自卫战争中后方部队行动、民兵、民工粮草供给问题的联合指示》《关于组织随军担架运输队的决定》等文件对支前民工、民兵的调遣、管理和待遇保障提出了具体要求；《关于加强支前工作的指示》《关于开展立功活动的决定》等文件明确强调了支前工作的重要性，把支前作为与土改和生产同等重要的任务。

战争一方面需要大量青年赴前线作战，另一方面在后方也需要身强力壮的青年成为突击生产的主力，提供充足的粮食、物资并及时补给运送到前线。因此，在中国共产党的动员下，农村青年同广大翻身农民一同参加支前和生产活动。

---

① 常连霆主编，中共山东省委党史研究室、山东省中共党史学会编：《山东党史资料文库·第 23 卷》，山东人民出版社，2015 年，第 104 页。

② 山东省档案馆编、山东社会科学院历史研究所编：《山东革命历史档案资料选编·第 21 辑·1948.9-12》，山东人民出版社，1986 年，第 295 页。

在宣传上，党在青年中注重对前线胜利消息的宣传，介绍最新形势，呼吁青年"要看到时局的空前胜利""保证解放军仗打到哪里我们支援到哪里""争取光荣立功，为我们也为后代争取幸福与光荣！"① 以此稳定青年情绪，提高青年支前积极性。各地面向青年印发宣传材料，将支前与生产的任务与荒灾作对比，提出"只要我们有决心，积极努力，我们是能够把支前与生产两大任务都胜利完成的"②。竞赛活动是支前中动员青年的重要形式，能够激发青年好胜心，提高支前热情。如1946 年 10 月，昆嵛县选派民兵赴威海帮助修挖工事，动员青年民兵前往。有的农村青年在初次听见此消息时"吓得心惊胆战"。后来村中举行立功运动，在团体与个人、青年团体和民兵之间发起多种形式的竞赛，选出模范与积极分子，给予模范个人、团队以一定的精神鼓励或物质奖励，最后青年"都争着去，报名的人数比起初要多很多"③。牟平县青年张玉瑞带领他村的青年在日常生产中互相做挑战保证，时常进行竞赛。后来上级布置该村需要出 8 人抬担架，青年报名者占到 5 人。在各地支前运动中，新青团发挥着组织和动员青年的作用，在过

---

① 《目前时事宣传与全力支前动员材料》，1948 年 11 月 15 日，档号：G006-01-0046-005，山东省档案馆。

② 《紧急动员战争支前与秋耕，秋种秋收宣教提纲》，1948 年 9 月 4 日，档号：G006-01-0046-003，山东省档案馆。

③ 《昆嵛县三个月青年工作总结》，1946 年 12 月 12 日，档号：G003-01-0031-005，山东省档案馆。

程中发现积极分子，同时以团员带动其他青年为支援前线做贡献。1947 年 5 月，中共华东局要求"在土地复查中，在自卫战争与支援前线、巩固后方与生产运动中加紧进行建立青年团"①。有的地区在青年团建立后，团员带领群众抢救伤员，参与粮食、弹药的运输和供应，运用唱歌、游戏、演剧等活跃民工情绪，提高士气。在火线抢救抢运中，提出口号，并与民工打成一片，使支前民工的热情保持旺盛。

农村青年在经过动员后，在出民兵、推物资、挑粮食、制被服、运伤员、押俘虏、修路桥等支前任务中积极作贡献。鲁南战役前夕，为了保证参战部队抢渡沂河，郯城县组织 1200 多名青年突击队员和木工、铁匠、泥瓦工紧急赶工 3 天架起大桥，保证了部队的安全通过。② 胶南县铁山区以"好男不说嘴，好女不扯腿，扛起担架上前线，打垮老蒋再团圆"为口号组织担架队，临近婚期的青年也报名参加了支前。涝坡区 18 岁的王中彩患腹疾，坚持抬担架往返 13 趟。广大青年支前的先进事迹不胜枚举。解放战争时期，山东支援前线的民工达

---

① 《中共中央华东局关于建立新民主主义青年团的指示》，载常连霆主编、中共山东省委党史研究室编：《山东党的革命历史文献选编·1920—1949·第九卷》，山东人民出版社，2015 年，第 458 页。
② 朱铭、王宗廉主编：《山东重要历史事件·解放战争时期》，山东人民出版社，2004 年，第 372 页。

1106万人（包括冀鲁豫边区的山东部分），民工中青年不在少数。① 而在后方为部队推碾磨面、缝军衣、做军鞋、护理伤员和架桥修路的人数更多，还有许多青年干部在支前机构和民工队中均担任工作。

为改善人民生活，提高群众参与革命的积极性，中国共产党号召解放区群众大力发展生产。1945年11月，毛泽东在《减租和生产是保卫解放区的两件大事》中要求"在1946年内，全解放区的农业和工业的生产，务使有一个新的发展。不要因为新的大规模战争而疏忽减租和生产，恰恰相反，正是为了战胜国民党的进攻，而要加紧减租和生产"②。1946年1月，山东省政府发出《关于1946年生产工作的指示》，制定了农业生产方针。到1947年春，国共战势日趋激烈，山东成为国民党进攻的主战场，解放区的生产力遭到严重破坏。到下半年，山东地区又遭遇了严重灾荒。为解决群众的生产生活问题，保障前线胜利，山东解放区以生产救灾为中心任务，在全省开展大规模的生产运动。

对于青年而言，他们大部分能够认识到生产的重要性，迫切希望搞好生产，以求安家立业，过好日子。也有青年对生产消极，存在偷懒现象及均产主义思想，家里贫穷即便借粮度日

---

① 魏训洲：《中国共产党山东省地方组织机构沿革》，中共党史出版社，2005年，第103页。

② 毛泽东：《毛泽东选集》（第4卷），人民出版社，1991年，第1172页。

也不参与生产。相比农业生产，有的青年更愿意选择做生意，认为种地辛苦且赚钱慢。如荣成县一农村青年说："做个小买卖钱来得多么快，就是跑个腿赶个集而已，不像做庄稼的遭那些罪，身子先赚个舒服。"① 有的青年干部认为生产是惯常性的，没什么特别，也不重视发动青年。对此，山东解放区首先从干部入手进行思想教育，改变领导方式，克服干部中存在的"同一时期不能进行两个工作"等思想，使青年干部对当下的生产任务引起重视。② 再以干部引领青年克服等待、依赖、懒惰思想，动员青年参加生产。

山东解放区更多是以参与集体生产的方式发动青年，如动员青年开合作社，组织青年集体开荒，还动员青年与民兵一起进行生产，在民兵带动下提高生产效率。海阳县徽村的青年集体开生荒20亩，待长出果实后拿去集市售卖，用卖得的钱换了一台织袜子机，用机器织袜子再进行贩卖盈利。③ 有的村组织一群青年单独开办小合作社，设团体生产资金，另有其他会员入股合作社。经村干反映说："他们影响很好，村民都愿意

---

① 《荣成县一个月来青年生产工作汇报》，1946年6月7日，档号：G003-01-0032-013，山东省档案馆。

② 山东省档案馆、山东社会科学历史研究所编：《山东革命历史档案资料选编·第23辑》，山东人民出版社，1986年，第239页。

③ 《海阳县青年工作总结》，1946年，档号：G003-01-0031-009，山东省档案馆。

买他们的东西，青年的心里越发高兴得觉得了不起。"① 青年多是利用业余，利用农闲来从事一定的集体化生产，在集体的影响下，青年生产积极性提高。

鼓励青年参加互助组亦是共产党青年动员工作的一种普遍形式。黎玉曾在 1946 年初的讲话中鼓励青年参与变工互助，"在一般生产空隙中，或农闲季节，青年团体应组织青年与儿童各种集体的小组的变工，或合编地进行开荒、运输、拾柴等手工业业余生产"②。而在没有开展变工互助的地区，青联负责推动组织。如属于新解放区的海阳县，此前变工互助组织几乎没有建立起来，解放后海阳县便要求各村青年普遍参加变工互助，进行集体生产以解决自己的生活经费问题，提倡"行路时保证不空手，随身拿着篓子，坚决反对好吃懒做的青年二流子"。③ 海阳县要求每个青年要学会一套较好的生产技术，并集体普及农业常识，大量植树造林，增加木材，以备战事之需。此后，农村青年开始响应号召，参加变工互助，成立互助组。广大青年不仅自身主动参与生产互助，还积极推动其家庭

① 《海阳县青年工作总结》，1946 年，档号：G003-01-0031-009，山东省档案馆。

② 黎玉：《论群众路线与山东群众运动（节录）》，载共青团山东省委、山东省档案馆合编：《山东青年运动档案史料选编·第 2 辑（1938—1949）》，第 207 页。

③ 《海阳县青年工作总结》，1946 年，档号：G003-01-0031-009，山东省档案馆。

和其他群众组织各式各样的互助组，由青年在村中首先组织变工组，再推动全村组织大变工。除此之外，有的地区将生产与学习结合，在田间生产休息时组织青年认字、读报，并在此基础上开展创模运动，用会议或黑板报表扬生产积极的青年，在秋收秋种结束后总结生产、评模范。除动员青年为自家生产外，各村青年还在干部的发动下，抽出集体生产的时间帮助抗属生产。山东解放区青年广泛参与支前和生产工作，不仅助推了前线战事的胜利，也使得山东解放区能够渡过灾荒困难，解决了军民的日常所需，保障了战时经济上和军事上的自给。

中国共产党基于较为坚实的农村工作基础，以贴近青年的文化水平和性格特质的多样化形式，动员青年融入政权建设、参军参战、支前和生产，其中更多是围绕"服务战争"这样一个目的，体现的是农村青年动员的"战时"色彩，这一过程也体现了中国共产党革命政权与乡村社会的互动关系。在政权建设中，青年在一个相对熟悉的环境里很容易实现革命参与的获得感，中国共产党通过改造青年干部、组织青年文化学习以及土改锻炼，动员农村青年助力基层政权建设。农村青年是中国共产党组织支前和兵源补充中的主要动员对象，党在动员过程中充分考虑到紧急军需和青年思想顾虑之间的矛盾，在解放区农村采取了大规模政治教育、灵活多样的宣传、影响式动员以及模范激励等方式，动员农村青年参军或加入民兵组织保卫解放区，并积极参与支援前线和大生产运动。在细致高效的动员实践下，农村青年为全国解放战争的胜利提供了强大的人力物力支持。

第五章

山东解放区的青年妇女动员

妇女作为一个特殊社会群体，中国共产党自成立之后就对其给予了深刻关注。早在 1922 年党的二大上便提出"为所有被压迫妇女的利益而奋斗"，紧接成立了专门负责妇女工作的妇女部。[1] 土地革命时期，中国共产党领导下的妇女运动逐渐恢复。从 20 世纪 30 年代初开始，中国共产党在每年的"三八"节都针对妇女问题都发出重要指示，毛泽东、朱德、刘少奇等中央领导经常亲自参加妇女集会和其他妇女活动，并发表讲话予以肯定。妇女作为一种重要人力资源，在家庭和社会生活中扮演着关键角色。她们不仅可以直接参与社会政治活动，而且她们的观念与行为也会对其家庭成员产生较大影响。在妇女群体中，青年妇女是一支先锋力量，她们身上往往具有巾帼

---

[1] 《关于妇女运动的决议》，中共二大史料编纂委员会编：《中国共产党第二次全国代表大会》，中共党史出版社，2006 年，第 48 页。

不让须眉的英气与豪情。在山东解放区，中国共产党认识到动员妇女尤其是青年妇女，不仅是实现妇女解放的需要，也是壮大政权、赢得解放胜利的必然要求。

一、青年妇女动员的萌芽与发展

"七七事变"以前，山东"根本就没有什么妇女活动"，广大妇女尤其是农村妇女的家庭和社会地位低下，自主意识淡薄。① 抗日战争爆发后，青年男子响应抗日号召赴前线参军，"后方各种各部门的工作，许多岗位须要妇女来担当"②。一部分青年妇女在民族意识、参政意识和平等意识上开始觉醒，对自身社会地位和个人价值有了新的追求，也迫切要求实现女性自我解放。

抗战初期，山东一部分青年女学生离开家庭，参加了抗战，"随着部队做了些零碎的妇女工作"③。中国共产党在山东各地动员青年女学生参与抗战宣传和战地服务，如济宁的学娃抗敌后援会、妇女战地服务团，蓬莱的抗日战地服务团，泰安

---

① 《中共山东分局关于山东妇女工作总结与今后妇女运动的新任务》，载中华全国妇女联合会编：《中国妇女运动历史资料（1937—1945）》，中国妇女出版社，1991年，第357页。

② 《对于现阶段妇女运动的意见》，中华全国妇女联合会编：《中国妇女运动历史资料（1937—1945）》，中国妇女出版社，1991年，第9页。

③ 《山东妇女运动的新任务》，载山东省档案馆、山东社会科学院历史研究所合编：《山东革命历史档案资料选编·第5辑（1940.7-9）》，山东人民出版社，1982年，第207-208页。

抗日救亡剧团，莒县妇女抗敌后援会，山东大学女学生组成的救亡宣传队等，还从部队中有计划地调出年轻的女同志担任妇女领导，发动妇女坚持抗日游击战争。这便是山东青年妇女动员的萌芽。1938 年 12 月，中共山东分局重新组建，成立妇女工作委员会，统一对妇女运动和各地妇女团体进行领导。① 山东还于 1940 年 8 月成立"山东省妇女救国联合会总会"，是山东分局直接领导下的全省统一的妇女组织，1944 年 7 月将"山东省妇女救国联合总会"改为"山东省妇女抗日救国联合会（简称省妇联）"，在其下设置县妇联、区妇联和村妇救会。②

　　山东的青年妇女动员工作在抗战初期出现萌芽，并随着抗战进程得以初步发展。这一时期中国共产党领导下较有影响力的青年妇女组织亦在各地成立，主要有妇女自卫团、青妇小队、姊妹剧团、姊妹救国团、青妇会等。"妇女自卫团"是不脱离生产的半武装组织，自卫团中青壮年妇女占绝大多数。随着抗战中后期形势愈加紧张，广大青年妇女投入到激烈的对敌斗争中，青年妇女在自卫团中的主要任务是站岗放哨、盘查行人、除奸送情报、救护伤员、优待抗属等。1941 年 8 月，山东妇女自卫团正式成立，隶属于山东省妇女救国联合总会。在妇

---

① 山东省妇联妇运史编辑室编：《山东妇女运动历史大事记（1919 年 5 月—1949 年 10 月）征求意见稿》，1986 年，第 41 页。

② 山东省档案馆、山东社会科学院历史研究所合编：《山东革命历史档案资料选编・第 5 辑（1940.7-9）》，山东人民出版社，1982 年，第 503 页。

女自卫团的组织下，青年妇女和男子一样在敌后为抗战做贡献。自卫团成立后，为了开展游击战争，中国共产党动员各地青年妇女经过整训组建"青妇小队"，作为妇女自卫团的核心组织。青妇小队也是民兵的组成部分，有的地方最先开始叫女民兵，以后改称"青妇小队"，凡在 18~25 岁左右身体健壮的青年妇女均可自愿加入，主要负责自卫反扫荡、战勤服务和发动妇女支前等。为了加强对妇女的宣传教育，中共山东分局还成立姊妹剧团，以戏剧为武器动员妇女，其成员大都是从十三四岁至二十多岁的女战士和抗大女生队毕业生中挑选出来的文艺爱好者，她们以唱歌、跳舞、演戏等文艺形式宣传动员妇女参加抗战和民主政权建设，争取民族解放与妇女自身解放，是动员妇女抗日的青年宣传队。后因形势紧张，机关精简，姊妹剧团和其他文艺团体合并组成了联合剧团。

二、解放战争时期动员起来的山东青年妇女

解放战争爆发后，由于解放区面积逐步扩大，妇女动员的范围也随之扩展。在地域范围上，以往山东解放区的妇女工作主要集中于解放区农村，解放战争时期范围"从过去的解放区农村进入城市"①。各阶层和各年龄段的妇女只要是支持中国

---

① 《彭康同志在分局妇女干部会议上的报告记录》，山东省妇联宣传部编：《山东妇女运动文献 2》，第 158 页。

共产党民主政权的，就都是党团结和动员的对象。

1946 年 6 月，国共内战爆发。解放区妇女联合会当即发表《解放区妇女当前的任务》，指出全国解放区的妇女任务就是要"贡献自己一切的力量以争取自卫战争的胜利"，发扬抗战时期的英雄女模范精神，在严重的战争状态下"用尽一切的力量为战争服务"①。此后，中共中央向各解放区发出一系列关于妇女工作的指示，除了重申动员妇女参加土改和生产的要求外，特别强调了妇女在参加政权管理和妇女解放事业的重要性。尤其是针对解放区许多农村地区存在束缚虐待妇女的现象，共产党严肃要求在土改后要"明令保障妇女的土地权"，使妇女与男子一样获得平等的经济权利与地位。同时，提倡保护妇女特殊利益，要求各级党组织颁布命令禁止缠足、溺婴、买卖婚姻、童养媳等，给予妇女"同等培养和教育的机会"，并"动员妇女参加民主建政"②。山东解放区要求各级党委"对妇女工作加强领导"，使在整个革命运动中"更好地发挥妇女群众的力量，解除妇女的特殊痛苦和封建束缚"③。在华东局成立

① 蔡畅、白茜：《解放区妇女当前的任务》，载孙晓梅主编：《中国近现代女性学术丛刊·续编·9（第 29 册）》，线装书局，2015 年，第 641 页。

② 《中国共产党中央委员会关于目前解放区农村妇女工作的决定》，载中华全国妇女联合会妇女运动历史研究室编：《中国妇女运动历史资料（1945.10—1949.9）》，中国妇女出版社，1991 年，第 301-303 页。

③ 《山东分局关于加强妇女工作给各级党委的指示》，载山东省妇联宣传部编：《山东妇女运动文献·2》，第 148 页。

后，胶东、渤海、鲁中、鲁南、滨海 5 个区委和济南市委便建立了妇女运动委员会，但区以下各级妇委会"均没有建立"，直到 1949 年山东分局才提出要求："凡各地区应组织妇委会"①。到 1949 年年底，山东全省建立了妇联组织（除淄博市外），一百多个县 90% 以上都成立了民主妇女联合会或筹委会，加强了对妇女工作的领导。② 但解放战争时期，针对青年妇女工作的专门性组织却并不多见，山东有的地区还沿用抗战时期承袭下来的妇救会、青妇队、自卫团和识字班等以青年妇女为主的活动团体。而在参军、生产和支前中发动青年妇女，同时加强对青年女干部的培养，鼓励妇女参政以及解决妇女的特殊利益是中国共产党在山东解放区动员青年妇女的出发点。

（一）青年妇女与参军动员

青年妇女参军参战表现为间接和直接两种方式，一是间接动员其亲人参战，二是直接参与战斗。青年妇女对于家庭中男子能否参加革命有着关键作用。对于青年妇女而言，动员家中男子上前线意味着要留守在家，甚至面临成为遗孀的风险，有着严重不舍的心理情绪。比如沂蒙一青年妇女公成美反映说："我和丈夫刚结婚一年多，亲亲热热，工作上商商量量，真是难分难离。参军就要夫妻分离，上前线就可能死伤，我怎么能

---

① 山东省妇联宣传部编：《山东妇女运动文献·2》，第 167 页。
② 任月英主编、山东省地方史志编纂委员会编：《山东省志·11·妇女团体志》，山东人民出版社，2004 年，第 33 页。

舍得？可是都不参军哪里能有八路军？谁来保卫解放区？"①随着共产党前方战事优势的日益明显，解放区政治环境得到改善，青年妇女享受到了胜利的果实，更加积极动员家中男子参军，支持中国共产党的革命事业。

山东解放区的青年妇女在动员男子上前线方面表现尤为突出，以致解放区出现大量的妹送哥、妻送郎、未婚妻送未婚夫的场景。如王秀菊劝夫入伍的事迹在当地被传为佳话。1947年，共产党在莱州发动青年大参军活动时，青年妇女王秀菊来到未婚夫老典家：

王秀菊："现在各村都在搞大参军工作，你有什么想法？"

老典："我正在想这个问题，不过还没定下来。我……我想和你商量一下，又没好意思去。"

王秀菊："有啥不好意思的？怕给你扯腿，是不是？我要是扯后腿，今天就走不到你家来了。其实俺也舍不得叫你去，可是不打倒国民党，谁知道以后是谁死谁活？等打倒蒋介石，咱们再团圆吧！你说呢？"

老典："好！好！听你的。古语说听老婆话有好日子过，等与家里商量商量我就去报名。"②

由此可见，解放区的安定环境激起了青年妇女动员亲人以

---

① 临沂地区妇联主编：《沂蒙红嫂》，黄河出版社，1990年，第134页。
② 莱州市政协文史资料委员会《莱州文史资料》编辑部编：《莱州文史资料·第11辑》，1997年，第126页。

保卫家乡的决心，前线上的节节胜利也让她们对中国共产党有了信心。青年妇女政治觉悟的提升和思想上的进步无疑彰显了中国共产党在青年妇女中的动员力和影响力。同时，共产党的优待军属、战勤补偿等举措也保障了参军家庭的利益，减少了青年妇女动员男子参军的困难。

在动参中，常常出现青年妇女走村串户，配合政府宣传参军的场景。1946年6月，国民党军队从昌南县的日戈庄一带向解放区大举进犯，当地青年妇女掀起了"支援前线、保卫和平"的动参运动。诸城县的妇女以村为单位，组织青妇队和识字班的青年妇女成立"动参工作队"进行参军的宣传，在她们的动员下全县参军入伍青壮年有4300多名，组成了一个新兵团送往部队。① 中共华东局于该年8月号召解放区群众紧急行动起来，揭露国民党反动派发动内战的罪行，积极支援前线作战。在此形势下鲁中南区掀起大参军热潮，各地青年妇女干部在"一切为了前线，一切为了胜利"的口号下投入了动员参军的工作。例如，益都县在妇救会的配合动员下全县400余名青年报名参军。②

青年妇女不仅动员其家庭中的兄弟、丈夫参军参战，且有

① 潍坊市妇女联合会：《潍坊市妇女运动史资料·第1辑（1840-1989）》，1989年，第68-69页。

② 张侠主编：《鲁中南妇女运动史·抗日战争解放战争时期》，济南：山东大学出版社，1993年，第177页。

不少青壮年妇女自己也参加当地的民兵组织，和男子一样站岗、放哨、送情报，甚至参加战斗。青年女自卫团和青年女民兵经常与男民兵一道作战，她们同样承担起男子所承担的任务，破路、埋地雷、送给养送弹药、看押俘虏、站岗放哨、维护治安。鲁中苗由区便由女民兵承担起站岗、查捕特务等维持治安的任务；常庄区女民兵配合男民兵"俘虏蒋军13名，缴获2挺机枪、8支步枪，12名女民兵看押俘虏"①；泰安韩玉珍等青年女民兵看押的俘虏"没有一个逃跑"，她们还应军事战斗需要组织破坏公路，"在就近的公路破坏完后，许多女民兵还到别处去打支援，有时敌人在白天修，她们就在夜间破"，战役结束后再重新修葺。② 1947年"合山"战役后国民党残军南移，高密县大孙家村青妇队长孙桂英带领38名女民兵自卫团，配合主力及男民兵阻击蒋军。经过两个小时的战斗，男女民兵共打死打伤和俘虏32人，截获军用物资一宗。10月25日，国民党以整编第九师二十六团的部分兵力包围了大孙家、大迟家村，当地男女民兵共同抗击，毙伤敌军70多人，缴获武器40多件。③ 大孙家村青妇队长孙桂英和大迟家村青妇队员孙明春带领女兵自卫团，在这次战斗中因战功受到解放区政府

---

① 《鲁中区八千余翻身妇女参加民兵》，《大众日报》，1947年6月2日。
② 泰安市妇女联合会：《泰安妇运史资料选·第1辑》，1987年，第100页。
③ 潍坊市妇女联合会：《潍坊市妇女运动史资料·第1辑（1840-1989）》，1989年，第78-79页。

表彰。

（二）支援前线与帮助生产

在动员青年妇女支前时，中国共产党往往以树典型、记功劳的方式，对积极支前的妇女给予一定的精神或物质奖励。昆嵛县城北区崖子头村妇救会订立"支援前线功劳簿"，第一次选出了29名积极分子登上"支援前线功劳簿"进行表彰，此后不少青年妇女"对工作都撒泼地干了"，她们对于能登上功劳簿觉得光荣得很。① 青年妇女积极性和好胜心较强，这种方式对她们起到了不小的鼓动作用。

由于大批农村青年男子奔赴前线参军，家庭生产和支援前线的担子便落在妇女身上。1947年2月，莱芜战役打响后，莱芜全县的妇女即投入紧张的支前工作，推米、磨面、运送弹药和伤员。为使作战部队能及时吃上饭，青年妇女说："就是自己不吃不用，砸锅卖铁也要保证大军吃足睡好。"② 苗山区大漫子村邓玉珍带领23名青年妇女"完成500斤煎饼冒着飞机扫射与炮火，送到距她庄20里的战场上"。③ 蒙阴县野店区烟庄村张玉梅、伊廷珍、杨桂英等6名青年妇女在村干部和男民兵大多赶赴前线的情况下，发动全村男女老幼，为部队当向

① 《崖子头村二十九名妇女登上支援前线功劳簿》，《群力报》，1936年10月18日。
② 张侠主编：《鲁中南妇女运动史·抗日战争解放战争时期》，山东大学出版社，1993年，第190-191页。
③ 《百万翻身妇女热烈支前》，《大众日报》，1947年6月2日。

导、送弹药、送粮草、烙煎饼、洗军衣、做军鞋。在莱芜战役和孟良崮战役期间，她们带领全村村民为部队烙煎饼15万斤，筹集军马草料3万斤，洗军衣8000多件，做军鞋500多双，成为扬名解放区的"沂蒙六姐妹"①。在共产党驻军的村庄，当地青年妇女给战士腾房子、铺草、打水劈柴，帮助部队解决食宿问题。

动员青年妇女生产是提高妇女地位、改善妇女生活条件的必然要求，也是中国共产党发挥妇女生产力支援战争、解决部队给养问题的重要举措。山东分局在妇女工作文件曾多次提到动员妇女参加农业生产以及家庭手工劳动，组织妇女参加变工互助组、合作社，走向集体生产的情况。

为有效激励和组织青年妇女参加生产，许多村庄每每在召开妇女大会时都提出多种生动的口号：

"男人都支前去了，生产不能再有男人的谱，往年吃饭靠男人，今年吃饭靠妇女""男支前，女生产，齐心合力保饭碗""妇女想吃饭，不靠男子汉""妇女要解放，就得有个男子样""劳动妇女最光荣，搽脂抹粉得受穷""别管做不多，燕子衔泥垒大窝"。②将"生产光荣、懒惰可耻"的观念灌输到青年妇女的认知体系中。

---

① 常连霆主编、中共山东省委党史研究室编：《中共山东编年史·第6卷》，山东人民出版社，2015年，第55页。

② 王寅：《怎样组织动员妇女参加生产》，《大众日报》，1947年6月8日。

开展生产竞赛也是促进青年妇女积极生产的常见形式。如海阳小纪区崖后村的青年妇女向纪家店村的青妇发起挑战，在劳动方面立志"全体46名青妇保证都参加田野劳动，保证培养5名队员学会扶犁，3名学会索粪，1/3的队员要学会打地瓜垅，学会锄小苗。"① 在动员青年妇女生产时共产党同样注重树立妇女劳动英模形象。有的地区将勤于生产的妇女故事编成顺口溜，或通过表彰青年妇女劳动榜样，推动全村青年妇女参加劳动。有的还采取劳动登记的方式，将生产登记的分数进行公布表扬，在生产积极分子中选模立功进行激励，动员青年妇女积极参加生产，效仿榜样。

山东解放区十分重视妇女解放的问题，采取保障妇女经济独立、婚姻自由和破除封建、提倡放足等举措，提高妇女的家庭地位和社会地位，改善妇女遭受虐待的情况，对青年妇女参加劳动生产起到了推动作用，是一种有效的动员手段。如沂源县青年妇女普遍放脚后参加农业劳动者大大增加，据该县5个区29个村的统计，仅半个月时间有368个青年妇女放脚参加变工组。高路村青年妇女亓登兰说："我过去走娘家，十来里路就觉得怪累得慌，现在放了脚，挑一挑粪到坡里还觉不着呢。"中庄青年妇女王砚美说道："妇女要解放，要和男人一样

---

① 《崖石村青年妇女应战后生产有成绩》，《群力报》，1949年3月25日。

干活，俺男的支前去了，我放了脚干活也减少庄上的人的麻烦。"① 放足不仅解除了青年妇女身体上的痛苦，也提高了她们的劳动效率。

解放战争期间，中国共产党利用多种方式宣扬参军光荣的思想，提升军人和军属地位，突出表彰其贡献。在感恩报恩的道德渲染中，妇女当中形成了一种尊重优待军属的氛围，青壮年妇女在劳有余力时便自发帮助军属生产，照顾军属生活。中共栖东县委在 1947 年秋发出关于做好抗旱工作的通知后，白洋区乐家沟村青妇小队积极投入抗旱运动。党支部领导群众讨论如何先给烈军属浇地，青妇队长张玉香首先发言："解放军在前方打仗是为了咱老百姓，没有烈军属子弟在前线保卫胜利果实，就没有咱今天的幸福。"青妇队员响应道："对！咱们组织起来先帮助烈军属抗旱浇地，多打粮食，改善烈军属的生活，使前方将士安心打仗，早日争取全国胜利。"11 名青妇队员自告奋勇组织起来，帮助烈军属抗旱浇庄稼，"从白洋河到烈军属的庄稼地有一华里多路，经过两天的努力，她们给四户烈军属浇地 5.6 亩，然后又给两户鳏寡孤独浇地 1.5 亩，共浇地 7.1 亩"。② 在优属工作中，各地妇救会带领青壮年妇女和

---

① 《沂源青年妇女纷纷放脚参加春耕生产》，《鲁中大众》，1949 年 4 月 5 日。

② 常连霆主编，中共山东省委党史研究室、山东省中共党史学会编：《山东党史资料文库·第 29 卷》，山东人民出版社，2015 年，第 382 页。

半劳力妇女分工包干为烈属军属代耕土地、挑水、拾柴、推磨推碾，使军烈属在后方安心。

在村庄内男劳动力流失的情况下，农业生产主要是靠妇女。如常庄区北古德范村妇女们通过调整变工互助组，确定了记工法，该村青壮年妇女参加生产的人数"达到了90%以上"①。1947年，鲁中四个区参加春耕生产的青壮年妇女共10267人，占妇女总数80%~90%，青年妇女也由此获得了村中长辈的赞誉："成天看不起这些小妮子，今年顶了事"②。农村青年妇女在当地政府发出生产指示后投入农时生产，以参加耕种为荣，生产积极性不断提高。

（三）开展战时救护

医疗救护一直被认为是"战争中最适合女性从事的事业之一"③。青年妇女参加战时救护有其年龄和性别优势，她们接受知识快且细致耐心、柔婉坚韧，共产党动员了大量年轻妇女参加游击队和野战军的前线救护工作。

为解决战时救护人员不足问题，各地的妇女组织纷纷动员青年妇女学习救护技术。《大众日报》曾在1946年报道了共产

---

① 泰安市妇女联合会：《泰安妇运史资料选·第1辑》，1987年，第128页。

② 中华全国妇女联合会妇女运动历史研究室编：《中国妇女运动历史资料（1945.10—1949.9）》，中国妇女出版社，1991年，第351页。

③ 赵婧：《抗战动员与性别实践——以战时国统区妇女医疗救护为中心》，《妇女研究论丛》，2015年第4期，第50-59页。

党部队在长岛与国民党军激战时，长岛东村青年妇学习救护的场景："现在，全村已准备很多蒸好了的棉布，青妇小队正在忙着学习包扎技术，以便救护伤员。"① 学会救护技术之后，青年妇女便立即投入到战时伤员的救治工作中。战势紧张时，妇女救护者常常会在短时间内接收大量伤员，为了挽救伤员性命，青年女救护者经常为伤员献血输血，想尽各种办法展开救治。在济南战役时，女青年藏美佳在想尽各种方法无效后，用嘴将一个伤员的痰吸出，才使伤员转危为安。② 在救护伤员时，青年女子为伤员洗血衣、换绷带、用盐水擦洗伤口，把自己家里的被子、棉衣贡献出来。在驻有战地医院的村庄，青年妇女们还有组织地轮流去医院照顾伤员。口镇区陈林村是野战军医院驻地，这个村青年妇女每天有十几人轮流到医院服务，长达半年之久。安丘县泥沟村的 102 名青壮年妇救会员和青妇队员，在妇救会长刘清兰的带领下组成拥军民兵连，她们"三年如一日，为解放军某部后勤医院的伤病员洗衣做饭、端水喂药，待如亲人"，还负责后勤医院的站岗放哨、传递情报等保卫工作。③在鲁南战役中，伤员被运下火线后，在没有伤员转运站和医院

---

① 中共长岛县委党史资料征集研究委员会、长岛县志编纂委员会办公室编：《长岛革命斗争史话（1942—1949）》，1991 年，第 29 页。

② 中华全国妇女联合会妇女运动历史研究室编：《中国妇女运动历史资料（1945.10—1949.9）》，中国妇女出版社，1991 年，第 346 页。

③ 潍坊市妇女联合会：《潍坊市妇女运动史资料·第 1 辑（1840- 1989）》，1989 年，第 71-72 页。

的村子外，当地群众建立了瞭望哨，担架快到时，他们立即回村报告，伤员一到，胸佩红布条的青年妇女就拥上前，"分别把伤员领回家，进屋后就送上开水和饭菜"。如果送来的是重伤员，她们则"一匙一匙地喂"①。在战地救护和照顾伤员的工作队伍中，青年妇女能占到大多数。

（四）参与政权建设

解放战争打响后，越来越多的成年男子远赴参军或远行支前，山东许多地区的区域人口构成便以妇女老幼为主，不仅造成家庭主要劳动力短缺，也在一定程度上导致地方权力出现"中空"。为加强党的领导，更好地推进解放区的各项工作，党组织进一步动员妇女参加政权建设，培养大量妇女干部壮大工作队伍。

开展教育是保证妇女更广泛地参加民主政权的基本途径，通过开展教育可以提高妇女政治文化水平、解放思想、摆脱封建束缚。山东解放区明确指出妇女动员的中心任务就是"动员妇女参加劳动的同时，也参加文化教育、政权等工作"，充分把妇女动员组织起来，在发展生产和政权建设中体现她们的作用与力量。在妇女教育中，青年妇女尤为活跃。据渤海行署1946年6月的统计，渤海全区常年参加学习的335万成年人

---

① 张侠主编：《鲁中南妇女运动史·抗日战争解放战争时期》，山东大学出版社，1993年，第186页。

中，青年妇女占了41%，有些从来不识字的农村姑娘，在短短几个月内就能识几百个字，学会了写简单的书信。[1] 在形式上，抗战时期延续的妇女识字班依然是这一时期青年妇女主要的学习组织。

山东解放区各级妇联经常将各地妇女干部组织起来进行培训学习，组织妇女干训班、妇女技能培训班等，结业之后成立妇女工作团派往各自家乡组建妇救会，成为妇女干部储备人才。1946年，鲁南地区工作团开进新解放区时发动群众，掀起大规模的反奸诉苦运动。鲁南各级妇联组织培训和调集了数千名妇女干部参加工作团，这些新调集的妇女干部，除部分有经验的妇女干部是领导骨干以外，大多数都是老解放区的姊妹团员和从识字班中新提拔的青年积极分子。[2] 反奸诉苦工作团进入新解放区以后，这些青年女干部在中共鲁南党委的指挥下深入农户，发动群众与地主和汉奸作斗争。

在共产党的教育与动员之下，青年妇女参政意识普遍提高，许多女青年接替了男子参加政治工作。如在莒南涝坡区高家柳沟村，19岁的女青年沈文欣当了村委会主任，男子支前走后，"她领着妇女扶犁、送粪，给部队送给养，村里的工作安

---

[1] 张玉玲、迟丕贤：《山东抗日根据地和解放区妇女的教育及启示》，《妇女研究论丛》，2005年第4期，第47-50页。

[2] 张侠主编：《鲁中南妇女运动史·抗日战争解放战争时期》，山东大学出版社，1993年，第170-171页。

排得井井有条。"① 在青壮年男子大都参军的情况下，黄县小李家村的王淑卿在 1947 年初担任了村委会主任，带领全村搞生产、拥军优属、支援前线，带领村中青妇小队到邻村给军烈属缝洗衣服、垫牲口圈、堆土积肥，被公认为是最优秀的主任。② 有的青年妇女因为表现积极突出，甚至被群众推选出来担任干部，撑起村庄的"半边天"。如莱东县富水区张夼村 22 岁的青年妇女修春梅因为生产做得好，村民便选她做村委会主任。1949 年解放区开展动员大生产运动以度过灾荒，修春梅组织召开村干部会议，推动全村努力生产，号召妇女学耕地。在她的带动下，全村"16 岁左右参加田野劳动的女青年 80 多名"。生产当中由于妇女普遍参加田野劳动，使该村得以度过灾荒，获得丰收，因此"村民拥护她，在全县都出名"③。后来，修春梅以优秀的妇女工作成绩，在胶东妇女代表大会上被选为代表，还曾到华东地区参加妇代会。越来越多的青年妇女走出家门，参与政治生活，成为中国共产党民主政权建设的新兴力量。

　　妇女具有双重角色，即家庭角色和社会角色，社会角色是

---

① 李宾编：《青春似火·山东青年革命运动史话》，中共党史出版社，2005 年，第 146 页。

② 中共营口市委党史资料征集委员会办公室、营口市民政局合编：《营口英烈传·第 1 辑》，1989 年，第 128 页。

③ 《青年劳动妇女修春梅发动全村妇女做庄稼，村民拥护她，全县都出名》，《群力报》，1949 年 3 月 7 日。

革命更需要的，这是中国共产党开展妇女动员工作的现实考量。这一时期，妇女解放也是妇女动员工作的一部分，把妇女从传统单一的家庭角色中解放出来成为革命力量，对妇女自身而言，使她们实现了向新女性的转变。青年妇女在整个妇女群体中的作用是不容忽视的。尽管山东解放区针对青年妇女的动员工作是统一于整个妇女工作之中的，但在妇女动员的过程中，中国共产党已开始有意识地激发青年妇女的积极性与带动性。青年妇女在参军运动、保障生产以及战时救护等方面作出特殊贡献，并在政权建设中日益发挥作用，壮大了妇女干部队伍。

结　语

　　无论政治革命抑或是社会变革，青年群体都是其中先锋力量，中国共产党自成立之日起便注重在青年中积极宣传革命主张，开展动员活动，凝聚青年的政治认同。新民主主义革命时期，中国共产党的青年动员是其社会动员工作的重要组成部分，亦是其整合各方资源支持革命的题中应有之义。

　　在山东，中国共产党的青年工作紧随革命形势变化，呈现出逐步完善的过程。中国共产党党团组织在山东成立后便开始领导青年学生运动，并在工农青年中培养积极分子，参与革命斗争，壮大革命力量。早期由于工作基础和组织薄弱以及经验缺乏等问题，中国共产党在山东地区的青年动员工作较为分散且范围局限。抗战爆发后，在抗日救亡的紧急态势下，中国共产党取消了专职青年工作的青年团，打破青年动员中的关门主义，取而代之的是大量发展青年团体，以期尽可能多地团结一切爱国青年加入革命阵营。此时的青年动员具有一定的战时色彩，强调动员数量的增加和动员范围的扩大，动员内容和方式相对单一和同质。但抗战时期，中国共产党在山东初步确立了青年动员的指导思想和组织形式，为此后山东解放区的青年工作奠定了基础。山东抗日根据地形成的一套完整的青年工作机构及大批的青年干部，直到解放战争时期仍然发挥着重要作用。

抗战结束后，中国面临"两种命运"的选择，青年的政治取向关乎革命胜利与否，加之大规模的兵力需求，中国共产党愈加重视对青年的争取与动员工作。解放战争时期，"在全国各个解放区中，山东的青年工作是比较突出的。"[①] 相对于抗战期间的青年动员强调"量"的增长，中国共产党在山东解放区的动员方针更倾向于"质"的高效。客观情况发生变化，全国一致对外的敌人已然被打退，尚未稳定的社会秩序和国共势力此消彼长也对青年产生深刻影响，部分青年的思想出现波动。因此，区别于抗战时期广泛且相对单一的动员实践，中国共产党为巩固老解放区的政权建设，妥善接管新解放区，根据不同地区的工作基础和青年的思想特点制定出了具体化的动员策略。在工作基础扎实的老解放区，运用灵活多样的动员方式在群众运动中动员青年；在新解放区，对青年的要求则强调不

[①]　共青团山东省委研究室：《山东青运史资料·第 5 辑·全省青运史工作会议专辑》，1985 年，第 69 页。

过分政治化，而是充分给予其可以有思想转变的过程和接纳共产党政权的空间。在组织体系上，山东解放区不仅承袭了抗战时期的青年工作领导机构，吸收了饶有经验的青年干部队伍，还向中央首倡试建新民主主义青年团，形成了分局青委、各级青联和新青团相互配合的青年动员机制，培养了大量高素质青年工作干部并派往各地工作，保障了解放战争时期青年动员工作的顺利开展。

中国共产党在山东解放区的青年动员工作内容丰富，组织体系庞大，本书也只能是管中窥豹，无法尽览青年动员过程中的细枝末节。因此，本书重点选取了城市青年、农村青年和青年妇女这几类典型的青年群体，系统梳理了中国共产党在广大青年中开展的针对性动员策略。随着大中小城市的相继解放，中国共产党不局限于在农村地区进行大规模的青年动员，而是逐步把青年动员的工作重心转向城市，尤其关注对城市青年学生的动员工作。中国共产党结合青年学生的思想状况和文化水平，运用时事教育、课外活动、纪念日庆祝等形式，培养其成为政治宣传和服务群众的主力军。在工作基础较好的山东农村解放区，青年农民通过土改得以"翻身"，其利益需求得到满足，在此基础上，中国共产党采用文化学习、树立模范、广泛宣传、影响式动员等多样灵活的方式，动员农村青年参军参战、支援前线。同时，中国共产党着力改造农村青年干部思想，组织青年干部进行文化学习，并在土改实践中锻炼青年群体参与乡村政权重塑，为基层职权建设注入新鲜血液。在山东解放区妇女动员体系中，中国共产党注意意识地发挥青年妇女的积极性与带动性，把青年妇女从传统的家庭角色中解放出来，成为革命力量。尽管山东解放区尚未形成体系化的青年妇女动员机制，但青年妇女在家庭动员、战勤救护和政权建设方面确是一支中坚力量，其社会角色更是革命需要的。

从青年动员的历时性考察，我们不难发现，解放战争时期，中国共产党基于对历史经验和革命形势的判断，依据不同阶层和区域青年的思想特点和客观条件开展了针对性的动员活动，使山东解放区的青年工作更为细致与高效。中国共产党将潜在的青年力量转化为现实的革命力量，有力助推了全国解放战争的胜利。

参考文献

一、未刊档案

1. 《在查减与大生产运动中怎样进行青年工作》，1946年，G003-01-0027-006，山东省档案馆藏。

2. 《新解放区中小城市的知识青年工作如何进行》，1946年，G003-01-0027-002，山东省档案馆藏。

3. 《胶东区党委、青委会青年工作组关于农村青年状况的调查报告》，1946年，G003-01-0028-005，山东省档案馆藏。

4. 《关于新解放区农村青年工作的初步研究》，1946年，G003-01-0027-003，山东省档案馆藏。

5. 《关于城市知识青年工作的意见》，1946年，G003-01-0027-009，山东省档案馆藏。

6. 《分局关于新解放城市知识青年工作的指示》，1946

年，G003-01-0027-010，山东省档案馆藏。

7.《荣成县一个月来青年生产工作汇报》，1946 年 6 月 7 日，G003-01-0032-013，山东省档案馆藏。

8.《德州市青年工作总结报告》，1946 年 8 月，G026-01-0202-005，山东省档案馆藏。

9.《长沙区青年学生儿童工作总结》，1946 年，G003-01-0029-007，山东省档案馆藏。

10.《关于农村青年状况的调查报告》，1946 年，G003-01-0028-005，山东省档案馆藏。

11.《牙前县青年工作总结》，1946 年，G003-01-0029-003，山东省档案馆藏。

12.《昆嵛县三个月青年工作总结》，1946 年 12 月 12 日，G003-01-0031-005，山东省档案馆藏。

13.《保田运动中的青年工作》，1946 年 12 月 31 日，G003-01-0032-014，山东省档案馆藏。

14.《牟平县青联关于目前青年工作的指示》，1946 年，G003-01-0031-020，山东省档案馆藏。

15.《文登县青救会四、五、六月份青年工作汇报》，1946 年 6 月 25 日，G003-01-0032-017，山东省档案馆藏。

16.《城市青年学生思想情况》，1947 年，G003-01-0049-

001，山东省档案馆藏。

17. 《威海市农村青年工作情况》，1947 年，G003-01-0047-018，山东省档案馆藏。

18. 《牙前县"一二·九""一二·一六"青年学生儿童运动工作总结》，1947 年 1 月 15 日，G003-01-0047-013，山东省档案馆藏。

19. 《滨北参军经验介绍》，1947 年 1 月 18 日，G024-01-0448-012，山东省档案馆藏。

20. 《两个月来反蒋保田立功运动和青年工作总结》，1947 年 3 月 17 日，G003-01-0048-006，山东省档案馆藏。

21. 《海阳县青年工作总结》，1947 年 4 月 22 日，G003-01-0031-009，山东省档案馆藏。

22. 《半年来青年工作总结》，1947 年 4 月 25 日，G003-01-0032-016，山东省档案馆藏。

23. 《五四青年代表大会总结》，1947 年 5 月 23 日，G003-01-0048-005，山东省档案馆藏。

24. 《荣成县一个月来青年生产工作汇报》，1947 年 6 月 7 日，G003-01-0032-013，山东省档案馆藏。

25. 《关于对土改复查运动中青年工作的指示》，1947 年 7 月，G003-01-0053-003，山东省档案馆藏。

26.《对于参军动员的总结意见》，1948，G006-01-0031-018，山东省档案馆藏。

27.《关于学生工作的简单汇报》，1948 年 1 月 10 日，G003-01-0058-004，山东省档案馆藏。

28.《紧急动员战争支前与秋耕秋种秋收宣教提纲》，1948 年 9 月 4 日，G006-01-0046-003，山东省档案馆藏。

29.《目前时事宣传与全力支前动员材料》，1948 年 11 月 15 日，G006-01-0046-005，山东省档案馆藏。

30.《关于动员参军归队的标语口号》，1948 年 12 月 10 日，G026-01-0150-004，山东省档案馆藏。

31.《各市地委关于参军支前等工作的汇报》，1948 年 12 月 19 日，G024-01-0079-007，山东省档案馆藏。

32.《省立滨海中学纪念五四青年节工作总结报告》，1949 年，G003-01-0152-006，山东省档案馆藏。

33.《纪念五四青年节工作总结报告》，1949 年，G003-01-0152-006，山东省档案馆藏。

34.《学生会工作报告》，1949 年，G003-01-0084-014，山东省档案馆藏。

35.《学生运动的思想总结》，1949 年 1 月 14 日，G031-01-1887-005，山东省档案馆藏。

36.《潍坊青年工作的综合报告》，1949年1月，G003-01-0172-001，山东省档案馆藏。

37.《荣成青年工作汇报》，1949年2年29日，G003-01-0032-010，山东省档案馆藏。

38.《新海市青年一般概况调查材料》，1949年3月，G003-01-0157-001，山东省档案馆藏。

39.《青年调查统计表》，1949年3月，G003-01-0109-001，山东省档案馆藏。

40.《磁石区青年英勇斗争思想活动材料》，1949年3月16日，G003-01-0093-022，山东省档案馆藏。

41.《各种青年思想状况及要求简述》，1949年4月19日，G003-01-0110-006，山东省档案馆藏。

42.《渤海区青运开展过程的概况简述与对渤海今后青年工作的意见》，1949年4月19日，G003-01-0110-001，山东省档案馆藏。

43.《关于纪念"五四"工作简要报告》，1949年5月20日，G003-01-0110-007，山东省档案馆藏。

44.《渤海区青年干部配备的情况与问题》，1949年7月18日，G003-01-0106-001，山东省档案馆藏。

45.《郭城区如何发动青年参加秋收秋种运动》，1949年9

月 13 日，G003-01-0087-010，山东省档案馆藏。

二、资料汇编

1. 中国新民主主义青年团中央委员会办公厅编：《中国青年运动历史资料（1929 年 7 月—12 月）》，1958 年。

2. 中国科学院山东分院历史研究所编：《山东省志资料》，山东人民出版社，1959 年。

3. 中央团校青年团工作教研室编印：《中国青年运动历史文件选编》，中央团校青年团工作教研室，1979 年。

4. 胡汶本、田克深编：《五四运动在山东资料选辑》，山东人民出版社，1980 年。

5. 山东省档案馆、山东社会科学院历史研究所合编：《山东革命历史档案资料选编·第 5 辑（1940.7-9）》，山东人民出版社，1982 年。

6. 山东省地方史志编纂委员会编：《山东史志资料·1983 年·第 3 辑》，山东人民出版社，1983 年。

7. 共青团山东省委研究室：《山东青运史资料·第 1 辑》，1983 年。

8. 共青团山东省委研究室：《山东青运史资料·第 3 辑》，1984 年。

9. 共青团山东省委研究室：《山东青运史资料·第 4 辑》，1984 年。

10. 共青团山东省委、山东省档案馆合编：《山东青年运动档案史料选编·第 2 辑（1938—1949）》，1984 年。

11. 山东省总工会、山东省档案馆合编：《山东工人运动历史文献选编·第 1 集（1921—1937）》，1984 年。

12. 山东省档案馆、山东社会科学院历史研究所编：《山东革命历史档案资料选编·第 17 辑》，山东人民出版社，1986 年。

13. 山东省档案馆编、山东社会科学院历史研究所编：《山东革命历史档案资料选编·第 21 辑》，山东人民出版社，1986 年。

14. 山东省妇联妇运史编辑室编：《山东妇女运动历史大事记（1919 年 5 月—1949 年 10 月）征求意见稿》，1986 年。

15. 泰安市妇女联合会：《泰安妇运史资料选·第 1 辑》，1987 年。

16. 共青团中央青运史研究室、中央档案馆编：《中共中央青年运动文件选编（1921 年 7 月—1949 年 9 月）》，中国青年出版社，1988 年。

17. 潍坊市妇女联合会：《潍坊市妇女运动史资料·第 1

辑（1840—1989）》，1989年。

18. 中共营口市委党史资料征集委员会办公室、营口市民政局合编：《营口英烈传·第1辑》，1989年。

19.《中国人民解放军历史辞典》编委会：《中国人民解放军历史辞典》，军事科学出版社，1990年。

20. 中华全国妇女联合会编：《中国妇女运动历史资料（1937-1945）》，中国妇女出版社，1991年。

21. 中华全国妇女联合会妇女运动历史研究室编：《中国妇女运动历史资料（1945.10—1949.9）》，北京：中国妇女出版社，1991年。

22.《毛泽东选集》（第2卷），人民出版社，1991年。

23.《列宁选集》（第4卷），人民出版社，1995年。

24.《毛泽东文集》（第3卷），人民出版社，1996年。

25. 莱州市政协文史资料委员会《莱州文史资料》编辑部编：《莱州文史资料·第11辑》，1997年。

26. 共青团中央青运史工作指导委员会等编：《中国青年运动历史资料·14（1938—1940）》，中国青年出版社，2002年。

27. 共青团中央青运史工作指导委员会等编：《中国青年运动历史资料·17（1947.1—1948.2）》，中国青年出版社，2002年。

28. 共青团中央青运史工作指导委员会、中国青少年研究中心、中央档案馆资料利用部编：《中国青年运动历史资料·第十六集（1942—1946）》，中国青年出版社，2002年。

29. 任月英主编、山东省地方史志编纂委员会编：《山东省志·11·妇女团体志》，山东人民出版社，2004年。

30. 中共二大史料编纂委员会编：《中国共产党第二次全国代表大会》，中共党史出版社，2006年。

31.《陈独秀著作选编》（第1卷），上海人民出版社，2008年。

32. 中共中央文献研究室中央档案馆编：《建党以来重要文献选编·第2册》，中国文献出版社，2011年。

33. 中共中央文献研究室中央档案馆编：《建党以来重要文献选编·第23册》，中央文献出版社，2011年。

34. 中共中央文献研究室中央档案馆编：《建党以来重要文献选编·第25册》，中央文献出版社，2011年。

35. 中中共中央文献研究室、中国延安干部学院编：《延安时期党的重要领导人著作选编·上》，中央文献出版社，2014年。

36. 魏建国主编：《瓦窑堡时期中央文献选编·上》，东方出版社，2012年。

37. 常连霆主编、中共山东省委党史研究室：《中共山东编年史》，山东人民出版社，2015 年。

38. 常连霆主编、中共山东省委党史研究室编：《山东党的革命历史文献选编（1920—1949）》，山东人民出版社，2015 年。

39. 常连霆主编，中共山东省委党史研究室、山东省中共党史学会编：《山东党史资料文库·第 2 卷》，山东人民出版社，2015 年

40. 常连霆主编，中共山东省委党史研究室、山东省中共党史学会编：《山东党史资料文库·第 8 卷》，山东人民出版社，2015 年。

41. 常连霆主编，中共山东省委党史研究室、山东省中共党史学会编：《山东党史资料文库·第 12 卷》，山东人民出版社，2015 年。

42. 常连霆主编，中共山东省委党史研究室、山东省中共党史学会编：《山东党史资料文库·第 21 卷》，山东人民出版社，2015 年。

43. 常连霆主编，中共山东省委党史研究室、山东省中共党史学会编：《山东党史资料文库·第 23 卷》，山东人民出版社，2015 年。

44. 常连霆主编，中共山东省委党史研究室、山东省中共党史学会编：《山东党史资料文库·第29卷》，山东人民出版社，2015年。

45. 常连霆主编，中共山东省委党史研究室、山东省中共党史学会编：《山东党史资料文库·第30卷》，山东人民出版社，2015年。

46. 孙晓梅主编：《中国近现代女性学术丛刊·续编·9（第29册）》，线装书局，2015年。

47. 常连霆主编、中共山东省委党史研究室编：《中共山东编年史·第5卷》，山东人民出版社，2015年。

48. 常连霆主编、中共山东省委党史研究室编：《中共山东编年史·第6卷》，山东人民出版社，2015年。

49. 常连霆主编、中共山东省委党史研究室编：《山东党的革命历史文献选编（1920—1949）第8卷》，山东人民出版社，2015年。

50. 常连霆主编、中共山东省委党史研究室编：《山东党的革命历史文献选编（1920—1949）第10卷》，山东人民出版社，2015年。

51. 中国延安精神研究会编：《中共中央在延安十三年资料2重要资料选辑·中》，中央文献出版社，2017年。

三、报刊

1. 《大众日报》（1939 年—1949 年 2 月）

2. 《群力报》（1948 年 2 月—1949 年 12 月）

3. 《渤海日报》（1948 年 6 月—1950 年）

4. 《鲁中大众》（1945 年—1948 年 8 月）

四、著作

1. 邓英美：《中央苏区政治动员研究 1927—1937》，中国社会科学出版社，2021 年。

2. 吴云峰：《华中抗日根据地、苏皖边区的妇女动员与妇女解放》，黄山书社，2020 年。

3. 江光亮：《抗美援朝运动中江西省的民众动员研究》，江西人民出版社，2018 年。

4. 钟日兴：《乡村社会中的革命动员——以中央苏区为例》，中国社会科学出版社，2015 年。

5. 齐小林：《当兵——华北根据地农民如何走向战场》，四川人民出版社，2015 年。

6. 孟庆旭、王玉华主编：《山东教育史》，山东教育出版社，2015 年。

7. 张卫波：《实现耕者有其田：解放战争时期的土地改革》，河北人民出版社，2014 年。

8. 刘力锐：《基于网络政治动员态势的政府回应机制研究》，东北大学出版社，2014 年。

9. 罗衍军：《革命与秩序——以山东省郓城县乡村社会为中心 1939-19562》，中国社会科学出版社，2013 年。

10. 徐秀丽、王先明：《中国近代乡村的危机与重建：革命、改良及其他》，社会科学文献出版社，2013 年

11. 张宏卿：《农民性格与中共的乡村动员模式——以中央苏区为中心的考察》，中国社会科学出版社，2012 年。

12. 张孝芳：《革命与动员：建构"共意"的视角》，社会科学文献出版社，2011 年。

13. 杨会清：《中国苏维埃运动中的革命动员模式研究》，江西人民出版社，2008 年。

14. 章猷才、陈朝：《党在山东革命根据地的执政研究》，黄河出版社，2006 年。

15. 王东溟编：《山东人民支援解放战争》，中共党史出版社，2005 年。

16. 王启云：《解放战争时期的山东土地改革》，中共党史出版社，2005 年。

17. 李宾编：《青春似火·山东青年革命运动史话》，中共党史出版社，2005 年。

18. 董小苹：《全球化与青年参与》，上海社会科学院出版社，2004 年。

19. 朱铭、王宗廉主编：《山东重要历史事件·解放战争时期》，山东人民出版社，2004 年。

20. 弗里曼：《中国乡村，社会主义国家》，社会科学文献出版社，2002 年。

21. 罗荣桓：《罗荣桓军事文选》，解放军出版社，1997 年。

22. 钱永祥主编：《城市共青团支部工作指南》，中国青年出版社，1997 年。

23. 唐致卿、岳海鹰：《山东解放区史稿·解放战争卷》，中国物资出版社，1998 年。

24. 余世诚、刘明义：《中共山东地方组织创建史》，石油大学出版社，1996 年。

25. 共青团山东省委研究室青运史组编：《山东省青年革命运动简史》，1994 年。

26. 张侠主编：《鲁中南妇女运动史·抗日战争解放战争时期》，山东大学出版社，1993 年。

27. （日）内田知行：《山西抗日民族统一战线和民众动

员》，中共党史出版社，1992 年。

28. 王东溟：《山东人民支援解放战争史》，山东人民出版社，1991 年。

29. 临沂地区妇联主编：《沂蒙红嫂》，黄河出版社，1990 年。

30. 柳茂森：《中国社会主义革命与建设》，中国广播电视出版社，1989 年。

31. 费穗宇：《青年社会学》，山东人民出版社，1987 年。

32. 李维汉：《回忆与研究（上）》，中共党史资料出版社，1986 年。

33. 中央团校青运史研究室编：《中国新民主主义革命时期青年运动简史》，中央团校青运研究室，1982 年。

34. 中共诸城县委山东大学历史系：《王尽美》，山东人民出版社，1981 年。

35. 南开大学编：《中国现代史稿（1919-1949）》，黑龙江人民出版社，1980 年。

五、期刊论文

1. 陈佳丽、陈玉玲、罗正欢：《〈青年实话〉关于青年动员工作的研究》，《海南开放大学学报》，2023 年第 3 期。

2. 吴越：《东北解放战争时期中国共产党青年动员工作的经验》，2023 教育理论与管理第三届"创新教育与精准管理高峰论坛"，2023 年 9 月 25 日。

3. 张红、朱翠玲：《抗战时期中共中央南方局青年动员探究》，《重庆交通大学学报（社会科学版）》，2022 年第 6 期。

4. 刘宣辰、冯夏根：《1948—1949 年中国共产党对青年的动员探析——以〈中国青年〉为中心》，《传承》，2022 年第 1 期。

5. 周良书、袁超乘：《"寸铁"与中共对国民革命的宣传动员》，《历史研究》，2021 年第 3 期。

6. 陈莉莉、王湾：《全面抗战初期中国共产党对青年的宣传动员研究——以〈新中华报〉副刊〈青年呼声〉为考察中心》，《广西社会科学》，2020 年第 3 期。

7. 赵海燕：《抗战时期党的青年动员工作实践及启示》，《中国青年社会科学》，2020 年第 3 期。

8. 蒋含平、薛相峰：《革命运动与青年动员——1927 年前后〈中国青年〉新闻报道研究》，《党史研究与教学》，2018 年第 1 期。

9. 陈文胜：《话语中的土改：解放战争时期〈人民日报〉中的土改宣传与社会动员》，《党史研究与教学》，2018 年第

2 期。

10. 黄金凤：《从学生运动到工农运动——中共早期动员策略再探讨》，《党史研究与教学》，2018 年第 5 期。

11. 扈帅帅：《中央苏区青年政治动员方式的历史回顾》，《青少年研究与实践》，2018 年第 3 期。

12. 李军全：《节庆与政治传播：中共华北根据地的春节宣传 1937—1949》，《中共党史研究》，2017 年第 4 期。

13. 张红云：《解放战争时期山东解放区的士兵归队运动》，《中共党史研究,》2017 年第 4 期。

14. 冯成杰：《中共的乡村妇女社会动员策略述评——以 1946—1949 年的华北解放区为中心》，《山西师大学报（社会科学版）》，2017 年第 3 期。

15. 牛翠萍、刘鑫：《抗战时期中国共产党青年动员工作的开展》，《河北工程大学学报（社会科学版）》，2017 年第 2 期。

16. 魏喆：《解放战争时期中共的人力动员研究》，《党史研究与教学》，2016 年第 6 期。

17. 任园、赵文：《口号变革：共青团青年动员的考察》，《山东青年政治学院学报》，2016 年第 2 期。

18. 吴蕊蕊：《全面抗战初期〈群众〉周刊的青年宣传动

员》，《历史教学（下半月刊）》，2016 年第 1 期。

19. 任园、赵文：《口号变革：共青团青年动员的考察》，《山东青年政治学院学报》，2016 年第 2 期。

20. 李里峰：《中国革命中的乡村动员：一项政治史的考察》，《江苏社会科学》，2015 年第 3 期。

21. 张红云：《"理性"的对抗与博弈：山东解放区支前民夫组织中的中共与农民》，《党史研究与教学》2015 年第 6 期。

22. 郑师渠：《国共合作与学生运动（1924—1927）》，《北京师范大学学报（社会科学版）》，2015 年第 3 期。

23. 莫志斌、崔应忠：《中国共产党青年动员的成功运作——以抗战时期青年奔赴延安为例》，《党史文汇》，2015 年第 3 期。

24. 吕厚轩、刘金华：《抗战歌曲与中国共产党的宣传动员——以歌词为中心》，《江西社会科学》，2015 年第 9 期。

25. 赵婧：《抗战动员与性别实践以战时国统区妇女医疗救护为中心》，《妇女研究论丛》，2015 年第 4 期。

26. 金冲及：《论解放战争时期的第二条战线》，《南京大学学报（哲学人文科学社会科学版）》，2014 年第 1 期。

27. 路阳：《国内学术界关于中共政治动员问题的研究综述》，《社会科学管理与评论》，2013 年第 4 期。

28. 中国青少年研究中心课题组、胡献忠、郜杰英：《中国共产党与青年、青年运动关系研究》，《中国青年研究》，2013 年第 6 期。

29. 王奇生：《革命的底层动员：中共早期农民运动的动员参与机制》，第二期中国近代史论坛"中国近代乡村的危机与重建：革命、改良及其他"，中国天津，2012 年 7 月 6 日。

30. 李金铮：《农民何以支持与参加中共革命》，《近代史研究》，2012 年第 4 期。

31. 赵智、王兆良：《从"运动"到"活动"：中国共产党政治动员研究的新范式》，《山东社会科学》，2012 年第 6 期。

32. 胡刚：《中国共产党社会动员研究综述》，《高校社科动态》，2012 年第 4 期。

33. 刘新玲、顾方园：《新民主主义革命时期共青团青年动员合法性研究》，《中国青年政治学院学报》，2012 年第 6 期。

34. 史卫东：《革命战争时期山东解放区行政区划若干问题探讨》，《鲁东大学学报（哲学社会科学版）》，2011 年第 2 期。

35. 黄正林：《地权、佃权、民众动员与减租运动——以陕甘宁边区减租减息运动为中心》，《抗日战争研究》，2010 年第 2 期。

36. 徐勇：《宣传下乡：中国共产党对乡土社会的动员与整合》，《中共党史研究》，2010 年第 10 期。

37. 胡国胜：《论民主革命时期中国共产党对五四运动的纪念活动》，《中共党史研究》，2009 年第 5 期。

38. 张学强：《淮海战役期间沂蒙解放区的参军动员》，《中共党史研究》2009 年第 7 期。

39. 陆玉林：《社会大变革时期共青团的青年动员》，《中国青年政治学院学报》，2009 年第 2 期。

40. 黄道炫：《1946 年至 1948 年农村土改中的干部整改》，《历史研究》，2007 年第 4 期。

41. 李里峰：《土改与参军——理性选择视角的历史考察》，《福建论坛（人文社会科学版）》，2007 年第 11 期。

42. 黄正林：《社会教育与抗日根据地的政治动员——以陕甘宁边区为中心》，《中共党史研究》，2006 年第 2 期。

43. 宋炜：《论抗战时期陕甘宁边区民众动员的模式和机制》，《西北大学学报（哲学社会科学版）》，2005 年第 5 期。

44. 王友明：《论老解放区的参军动员——以山东解放区莒南县为个案的分析》《军事历史研究》，2005 年第 4 期。

45. 梁家贵：《战争时期中共领导的山东妇女工作》，《理论学刊》，2005 年第 4 期。

46. 张玉玲、迟丕贤：《山东抗日根据地和解放区妇女的教育及启示》，《妇女研究论丛》，2005 年第 4 期。

47. 曹军：《西北青年救国会的历史地位——兼谈西北青年的抗日救国运动》，《理论学刊》，1987 年第 4 期。

48. 魏久明：《中国共产党和中国青年运动》，《青年研究》，2001 年第 7 期。

49. 刘长飞：《山东解放区对全国解放战争的贡献》，《东岳论丛》，1999 年第 6 期。

50. 翁有为：《论抗日根据地的政治动员与政治参与》，《山东社会科学》，1997 年第 3 期。

51. 罗志田：《历史研究的新视野——"近代中国'民众动员'的社会观念"研讨会补记》，《社会科学研究》，1997 年第 3 期。

52. 沈松平：《"近代中国民众动员的社会观念"国际学术讨论会综述》，《社会科学研究》，1996 年第 5 期。

53. 曹军：《西北青年救国会的历史地位——兼谈西北青年的抗日救国运动》，《理论学刊》，1987 年第 4 期。

六、学位论文

1. 刘盼：《1937-1941 年国共两党对青年动员的宣传研

究——以〈中央日报〉〈新中华报〉为考察中心》，延安大学硕士论文，2023 年。

2. 张雪梅：《〈向导〉周报青年动员研究》，西南科技大学硕士论文，2023 年。

3. 林雪雪：《延安时期中国共产党青年动员研究——以《中国青年》（1939—1941）为考察对象》延安大学硕士论文，2023 年。

4. 陈丝露：《〈新中华报〉的青年抗战动员研究》，长安大学硕士论文，2023 年。

5. 李明朴：《〈解放日报〉与青年宣传动员研究（1941—1945）》，浙江工商大学硕士论文，2023 年。

6. 李欢溶：《中国共产党在晋察冀抗日根据地的青年动员》，燕山大学硕士论文，2023 年。

7. 高超：《山东抗日根据地青年动员工作研究》，广西师范大学硕士论文，2023 年。

8. 张明：《川陕苏区青年动员研究》，上海财经大学硕士论文，2021 年。

9. 闫林娟：《中国共产党领导的抗日根据地青年运动研究》，山东大学硕士论文，2017 年。

10. 孟亚云：《1937—1945 年中国共产党针对知识青年的

宣传动员研究》，四川农业大学硕士论文，2016 年。

11. 张瑜：《抗战时期陕甘宁边区青年运动研究》，延安大学硕士论文，2016 年。

12. 杨倩：《抗日战争时期中国共产党对延安青年的政治动员研究》，海南大学硕士论文，2016 年。

13. 王博：《〈青年生活〉抗战动员研究》，兰州大学硕士论文，2016 年。

14. 陈学涛：《抗战时期中国共产党青年动员研究》，东北石油大学硕士论文，2016 年。

15. 李明帅：《解放战争时期山东解放区的文艺动员》，曲阜师范大学硕士论文，2015 年。

16. 张阳：《山东解放区冬学运动研究》，山东师范大学硕士论文，2014 年。

17. 韩小娅：《抗日战争时期大后方青年运动研究》，西南大学硕士论文，2014 年。

18. 刘金华：《抗战歌曲与中国共产党的社会动员》，曲阜师范大学硕士论文，2014 年。

19. 于锦秀：《民主革命时期中国共产党青年观研究》，山东师范大学硕士论文，2014 年。

20. 王国龙：《解放战争时期中国共产党在山东解放区的

民众动员研究》，山东师范大学硕士论文，2013年。

21. 刘莎莎：《抗战时期中国共产党在晋东南地区展开妇女动员的探析》，天津师范大学硕士论文，2012年。

22. 李鸿娜：《论解放战争时期学生运动及历史经验》，辽宁大学硕士论文，2012年。

23. 罗华：《抗日根据地青年运动研究——以陕甘宁、华北抗日根据地为例》，广西师范大学硕士论文，2010年。

24. 于德孔：《抗战时期晋冀鲁豫边区群众运动研究》，山东师范大学硕士论文，2010年。

25. 周安会：《观念重构与社会变迁：土改中的怨恨动员研究（1946—1952）》，华东师范大学硕士论文，2010年。

26. 王新：《毛泽东青年观研究》，广西师范大学硕士论文，2008年。

27. 宋传伟：《山东根据地的村政改造》，山东大学硕士论文，2008年。

28. 李会先：《抗战时期陕甘宁边区民众动员研究》，首都师范大学博士论文，2008年。

29. 董军芳：《解放战争时期中国共产党在晋察冀边区的民众动员》，河北师范大学硕士论文，2007年。

30. 韩承鹏：《标语与口号：一种动员模式的考察》，复旦大学博士论文，2007 年。

31. 汤梓军：《抗战时期四川兵员动员研究》，四川大学博士论文，2006 年。

32. 刘颖：《中国共产党抗日战争时期社会动员研究》，安徽师范大学硕士论文，2005 年。

33. 郑长忠：《组织资本与政党延续——中国共青团政治功能的一个考察视角》，复旦大学博士论文，2005 年。